從連結資源到串起故事，
社工與身心障礙者
不為人知的生命經驗

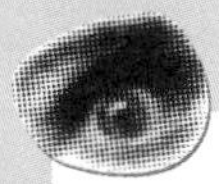

我們都被貼滿了標籤

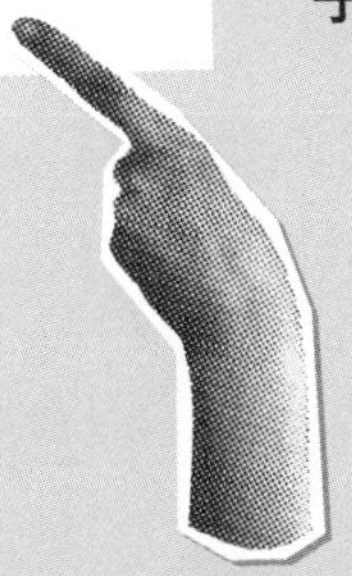

王晨宇

期待已久的基層社工書寫

王增勇
政治大學
社會工作研究所教授

社工場域是個複聲的場域，但卻往往只有國家跟專家的聲音。提供經費補助的政府以「給錢的是大爺」取得最大聲量，對方案有明確的KPI要求；進行方案審查、評估與考核的學者，以其專家地位，也發揮不小的影響，政府與學者專家的聲音往往獨占社工場域的發言權。場域中最重要的主角，案主與社工，卻往往是被詮釋的客體，而不是發聲的主體，還有案主背後隱身的家庭照顧者，更常常不被看見。

晨宇這本書從基層社工的位置出發，書寫社工日常工作中所看見的案主、照顧者與社工，補足了社工場域中長久以來消失或微弱的聲音。當然，晨宇不是第一個書寫社工日常的基層社工，許多社工也嘗試進入研究所用論文方式整理自己的實務經驗，但受限於學術格式的要求，許多社工無法使用自己日常的語言說話，而晨宇這本書可說是原汁原味的社工腔調，比起學術論文來得親近易讀。

書寫其實是個充滿權力運作的場域，社工的書寫往往是為了應付政府的行政要求，而用符合專業規範的文字書寫，社工鮮少為自己書寫，用書寫陪伴自己。透過書寫，社工可以看見自己的勞動價值；透過書寫，社工可以反身覺察自己，甚至重新定義社工。對我而言，晨宇這本書是基層社工奪回書寫權力的解殖行動，多麼希望以後會有更多基層社工也提筆書寫自己與個案的故事。

書名叫做《我們都被貼滿了標籤》，標籤是個有趣的隱喻，案主之所以成為案主，正因為社會給他們一個標籤，社工透過這個標籤得以接觸到案主，但當社工親身接觸、認識案主後，標籤不再是標籤，而成為一個個立體的小人物。社工此時變成與案主共同承受標籤所帶來的汙名效果，能為案主做的事，就是說出案主的故事，讓標籤得以被解構，也就是晨宇期待的撕下標籤。可惜，大部分社工並未把案主的故事寫出來，當成是社工專業應做的事，因為不在政府委託的範圍內。晨宇寫這本書，我認為有倡議「書寫」是社工專業分內工作的意義。

書內寫了很多感人的故事，無論是賣口香糖的視障者阿芳、自尊心高的阿湯哥、案主變朋友的小紅帽、自閉症的鐵道迷阿漢或一心照顧兒子的老周……讀的時候，我總在想：「要能寫出這樣的故事，社工要花多少時間啊？」正因為我知道現在的社福體制是多麼不利於社工花大量時間在個案上，所以我相信晨宇一定是非常堅持並犧牲很多自己的時間，才能做到這樣。我也相信新手社工讀了這本書會看見希望，知道做社工的初心並不是天真的想法，因為有人可以是有溫度的社工。

晨宇當初寫信邀請我寫推薦序，我還沒看到書稿就答應了，因為社工書寫是早該出現卻遲遲未成氣候的一件事，有社工願意書寫，而且寫出如此動人有生命力的故事，忝為社工人，我當然願意推薦給各位讀者，並期待社工書寫成為風潮。

第2章 他們所遭遇的歧視與不平

第3章 沒有名字、沒有自己的照顧者

第4章 社工是人，不是神

序章

我是社工，不是志工

「你大學考得怎麼樣？」一名親戚在家族聚會開啟話題。

「還可以啦。」

「考上什麼學校？」

「北大社工系。」我回答道。

「北大？你是說北京大學？」他露出疑惑的表情。

「不是，是台北大學。」

「我知道。北科大？還是台北商業大學？」

「都不是——是台北大學，以前叫做中興法商。我們學校在三峽，不過我是在台北校區。」

「噢，我知道了。」不，你不知道，你只是不想再爭辯了。

他決定轉個話題，既然不知道你到底念什麼學校，讀什麼科系總搭得上話吧？

「你是說社工系？我不知道當志工還要讀大學。」

這已經是很多年前的事情了，我猜至今爸媽可能也不知道我的工作內容到底是什麼，但至少他們不會再錯把社工唸成志工。熟能生巧嘛。

同事告訴我，她當社工已經三年了，家人偶爾還是會把社工唸成志工。

「再過幾年他們可能就不會唸錯了。」我再補充：「也有可能即便唸錯妳也懶得糾正了。」

❊ ❊ ❊

我正準備去買電影票。

「先生，請問你辦卡了嗎？平日看電影享六六折喔！」

我身為社工，勤儉持家幾乎是標準配備，當然不會放過省錢的好機會，於是停下了腳步。

「請問你在工作了嗎？」

「對。」我心裡很急切，不是說辦卡看電影享六六折嗎？

「方便請問你是做什麼工作嗎？」

「我是社工。」
「志工？」
「不對，是社工。」
「噢，志工啊……那個有薪水嗎？」
「有。」我辦卡的意志已經開始動搖。
「是車馬費嗎？」業務員很努力想要拿到業績。
「不是，是月薪。」我說完後，他露出鬆了一口氣的表情。
「那應該沒問題，我不知道志工也有薪水呢！這邊幫我填辦卡資料。」
後來我當然辦了卡，畢竟不管被誤認為是志工或什麼的，看電影享六六折還是比較重要。

❀ ❀ ❀

我跟同樣當社工的朋友填了餐廳的滿意度問卷。對，肯定又送了什麼東西，八成是提拉米蘇。

「哇！你們是社工呀！」

看來服務人員很懂社工啊！我差點感動落淚。

「你們一定很有愛心。」

我們沒有回應，這不過是大眾對社工無數的誤解之一。這麼多年過去，我們已經學會不爭辯了。

這位服務人員真的很熱情，沒有枉費我們在服務態度那欄打了五顆星。

「我媽退休後也去當社工，你們這麼年輕就當社工，很不簡單耶！」

大姊，我猜妳把社工跟志工搞混了——但我可是很會做人。

「哈哈，妳媽媽一定很有愛心。」我乾笑。

算了，有提拉米蘇比較重要。

۞ ۞ ۞

社工很常開會，對象或許是同行，或許是其他職業的夥伴，會議往往聚焦在如何促進特定服務對象的福利。

或者互踢皮球。

噢抱歉，是「劃分權責」。

不過當天會議比較像是相互認識，介紹我們為身心障礙者辦的活動——我好像還沒說過，我在社工的領域是「身心障礙」。

一位社區發展協會的大姊上台致詞提到我們。她說：「我們都很感謝○○中心的志工們，很用心辦活動讓身心障礙者參加。」

「社工。」我們其中一位同事糾正道。

「他們志工真的很用心，辦的活動也都很豐富，每一位志工都很熱情！」

「是社工。」另一位同事拉高音量。

「我們○○社區有這群志工真的很棒。」

大姊下台以後，換我上台講話。

「其實○○社區發展協會的大哥、大姊比我們更棒、更辛苦，很感謝她這樣稱讚我們。不過，我還是要強調，我們是社工，不是志工。」

我下台後，同事都在偷笑。

「哇！你就是打電話來的王社工嗎？你看起來好年輕！」

事實上我當時真的還很年輕。

我眼前是一位社區發展協會的理事長，他們定期關懷的其中一個家庭是我的服務對象。當時我一知道對方是協會理事長，想也沒想就打電話表示想拜訪，畢竟「見面三分情」正是在社區走跳的必要法則。

「當社工很不錯呀！能夠積很多陰德，這是做善事耶！」他繼續說好話。說好話，做好事，這句話大家已經聽到耳朵長繭了。

欸不對，所謂做善事、積陰德，應該是不求回報的事，好比說扶老奶奶過馬路，或者當「志工」才對吧？我有領薪水，所以應該沒辦法積陰德。

難道我下班後也要去當志工積陰德嗎？這樣一定很混亂，我想像當志工時，以我健談的個性會遇見的情景：

「你晚上還來當志工，好辛苦喔！請問你白天是做什麼工作的？」

「我是社工。」

「什麼，你白天也是志工？」

「我……」

算了。

是殘障還是身心障礙？

「你是社工呀？」

某天我將鞋子拿去永和一間知名的洗鞋店，留下姓名、電話並付錢給商家時，老闆看見我的名片，上頭寫的職稱是「社工」。

「太好了！我們最近想要開始用殘障人士，你對殘障熟嗎？」

殘障其實是民眾慣稱「身心障礙者」的舊稱，就連他們持有的「身心障礙證明」，也習於被民眾稱為「殘障手冊」。不過，由於「殘」字帶有貶意，所以多年前政府已經嘗試去汙名化，改稱為身心障礙者。通常我們並不會直接糾正仍這麼代稱服務對象的民眾，而是潛移默化地用我們的方式導正。

「我剛好是服務身心障礙的社工！」

「身心障礙？跟殘障是一樣的嗎？」
「沒錯，殘障聽起來比較不好聽，不過我知道你不是這個意思。」
「那你們接觸的是智障那種，還是跛跤的那種呢？」
「都有，真的很感謝你！很難得會遇到願意聘用身心障礙者的雇主呢！」
「我這裡的工作很簡單，加上越來越聘不到人，想說他們那種殘……不是，是……」
「身心障礙。」我微笑道：「要花一點時間才會習慣。」
「對不起唷！」老闆接著說：「你們那裡可以幫我介紹嗎？不過……那種精神病的我可能要再想想。」

身為社工，絕對不會放過衛教的機會。

於是我花了一點時間跟老闆說明，其實並不是所有精神障礙朋友都會像媒體描述的那樣，有攻擊傾向或紀錄，他們大多性情溫和且用藥穩定，只是有部分精神症狀，難免稍稍干擾生活。

最後，我提供了老闆職業重建中心的聯絡方式，那是政府設立專門協助身心障礙族群就業的單位，店家可以主動表達聘雇身心障礙者的意願。他們聽到一定會很開心，畢竟這樣的雇主真的只是少數。

再者，會落入社會福利——尤其是我這種承接政府標案、負責個案管理——的服務對象，大多都還在與自身疾病和障礙對抗，就差那麼一步復歸社會。我很感謝老闆的好意，但多少會擔心介紹的身心障礙朋友力有未逮，所以不如讓在職業重建中心完成訓練、等待伯樂的身心障礙者嘗試看看。

當天，我在店裡待了半個多小時，向老闆解釋聘用身心障礙者有哪些地方需要注意。老闆很專注聆聽，畢竟他也擔心一個善意卻因為沒有準備或者哪裡不禮貌，而讓身心障礙朋友感到不舒服。

我相信未來老闆肯定都會改口稱為他們為「身心障礙者」了。

我還嫌你太小聲呢！

身為身心障礙單位，我們會定期舉辦旅遊活動讓身心障礙者參加，畢竟對他們而言，社會大眾的不理解與不熟悉時常成為外出的阻礙，也許家屬或多或少都在帶他們外出時受過異樣眼光。

辦一場旅遊活動，集結所有人，看誰還敢指著鼻子對他們說：「拜託管好你的孩子，好嗎？」

一個人打不贏，你有沒有想過找一堆人助陣？

出發前，一名智能障礙的服務對象「婷婷」來到我面前。

「我哥哥說這裡辦的都是一些白痴活動，不想要我跟大家一起參加。」

像婷婷這樣的家庭其實不少，雖然與身心障礙者是一家人，但卻始終覺得他們只是懶惰、裝病好不用去上班。與其參加白痴活動，不如給我去賺錢貼補家用。

「那妳是怎麼想呢？」

「我哥哥說這種白痴旅遊，叫我不要來，留在家裡照顧爸爸。」婷婷一急便哭了。

我同事在一旁看傻了眼，畢竟眼前的服務對象正在表演一秒落淚。

「那妳要回家了嗎？也沒關係呀，我再跟其他老師說就好。」

「嗚嗚嗚……老師……那我……那我……」

「不管妳去或不去，只要是妳的決定，老師都同意。不過妳看起來不想回家耶！還是我們先不管哥哥怎麼說，上車跟大家一起出去玩好不好？」

婷婷哭得很難過，似乎處於天人交戰。

「妳如果想要跟大家一起出去玩，就要勇敢說出來，管哥哥說什麼白痴活動，搞不好他很羡慕妳耶！來，上車好不好？老師等一下東西收一收也會上車。」

「好。」婷婷擦乾眼淚，向我點頭：「老師那我要上車了唷！」

同事在婷婷離開後跟我說：「我看到了什麼，她當場表演一秒落淚，然後一秒又心滿意足。」

當天還有一名自閉症的小朋友「小閉」，他會「無法控制」地模仿周遭各種聲音，而且維妙維肖。不過因為小閉的音量太大，總是免不了被其他同樣是自閉症的成員糾正，畢竟聲音是自閉症的共同敏感因子之一。

我走過去跟小閉的媽媽攀談是想安慰她，她卻以為我是要指責她而道歉。

「不好意思，小閉沒辦法控制音量，真的很抱歉。」媽媽甚至向我鞠躬。

我笑著說：「我們辦的是身心障礙者的旅遊，到底去哪裡能夠跟這麼多身心障礙者在一塊？要說包容，我相信這裡的包容度最高，沒人會在乎小閉的聲音太大。」

我又補充了句：「我還嫌他叫得太小聲呢！」

是標籤太黏還是不夠努力倡權？

從前面幾件事可以看到，無論是社工或身心障礙者都很容易被貼上標籤。社會大眾仍有刻板印象，不一定明白社工與志工的差異，即便朝夕相處的家人也未必清楚社工到底是什麼樣的職業。身心障礙者同樣如此，家屬很可能沒有相關醫療知識，或許也會對身心障礙者產生誤解，更別說社會的「汙名化」。

標籤是中性詞彙，而汙名化則是更負向的詞彙，身心障礙者往往必須一輩子跟負向標籤對抗。

儘管經過不同社會福利單位的倡權與努力，並在政府逐漸重視下，身心障礙者逐步擺脫了「形式上」的標籤與汙名化——諸如改革專法，讓他們從沒有適用法條的困境一步步發展出「殘障」福利法、身心障礙者「保護」法，到現在的身心障礙者「權益保障」法，然而很多人仍然不知道為什麼要修法，對他們而言，身心障礙者似乎永遠都是「殘障」。

雖然歧視與排斥隨著教育普及與提倡平等而逐漸減輕，但彷彿只是把不平等的目光從檯面上轉變到檯面下。當身心障礙者前往政府公辦的國民運動中心運動，仍然會遭到巡場教練的異樣眼光，宣稱除非家屬在場否則身心障礙者不得獨自入場。

即便我今天遇見了一位願意給身心障礙者就業機會的雇主，但是，在社會上各個角落，多數雇主卻都不願意提供機會，導致他們求職往往處處碰壁。嘗試無望以後，他們最後只能退回家中，反倒讓周遭鄰居、朋友甚至家人，認為他們單純是因為懶惰而不外出就業。

每一名社工在專業養成的歷程中，都會被教導要為服務對象提倡權益，只可惜無論社工或者政府，經歷過這麼多年努力「倡議」後，那些在身心障礙者與社工身上的標籤仍然被貼得緊緊地，只是稍稍翹起一角罷了。

身為社工，我能夠做的就是讓更多人知道，他們不一定跟你們想像的一樣。身心障礙者需要的只是多一點包容，還有尊重。

工作多年以後，我已經從一個稚嫩的社工晉升為社工督導，即是負責「督導」社工的角色。簡單來說，督導是中階主管，不過在某些社福組織已經是高階主管，端看每一個單位的規模大小而定。

我們通常稱呼服務的身心障礙者為「個案」或者「服務對象」，社會工作內容則區分成不同領域，大家耳熟能詳的諸如「家暴（家庭暴力）」、「兒少（兒童與少年服務）」、「身障（身心障礙）」、「老人」、「長照（長期照顧）」、「原住民」、「新住民（俗稱的外配或外勞）」、「醫務（醫院）」、「心衛（心理衛生）」等。隨著政治經濟的高度演進，陸續衍生的社會問題也讓社工領域日新月異，出現了新的領域、新的服務對象——當然，還有新的社工。例如隨著同志權益的抬頭，同性戀相關的福利單位也成為一個新興領域。

我執業十幾年中，以身心障礙領域累積最多專業，所以本書會聚焦在身心障礙者的故事。不過，這並不是單一描繪身障故事的書籍，我也想要把焦點放在從事社會工作的社工身上。

我一直認為社會服務的好壞，除了政策面的制定外，還需要第一線社工的努力，但很遺憾，坊間鮮少有書籍談論服務弱勢者的「弱勢工作者」——社工。

古有校長兼撞鐘，社工在現代社會則身兼督導、美工、財務、警衛，還兼志工，這種情況仍不難遇到。某些社會福利組織甚至真的只有一位社工從事服務，就是我們常稱的一人社工單位。

即便今日，我們邀來授課的社工前輩開場道：「我以前跟別人說我是社工的時候，別人都會問：『是志工嗎？』現在這種情況已經改善很多了吧？」

結果好幾位同事異口同聲地說：「現在還是一樣！」

「沒想到過了二十年，民眾還是有一樣的誤解。」

是啊，前輩，我想民眾對我們最多的印象，大概就是爆出社會事件時，眾人與媒體大聲疾呼：「難道我們的社會安全網又破洞了嗎？」有些媒體甚至會下聳動標題——社工殺人！

社工老是在出事時被主事者推出去滿門處斬，不過即便如此，還是有一大群人在崗位上奮鬥。根據統計，全台灣共有一萬七千名社工，員額仍在持續增加。但同樣的，也有許多社工因為各種挫折黯然離開。

還留守的社工之所以繼續堅持這份職業，並不是不知道自己想做什麼、能做什麼，而是即便勞動條件不好，仍然選擇了這份工作，雖然每個人的模樣不一樣，也不一定符合世人對於社工的想像。

「你們一定很有愛心！」

「你們一定很有耐心吧！」

「你們真是活菩薩！」

事實上，每一位社工都有不同的模樣，型態各異，說話方式也截然不同，我們以自己最適合的樣態去當社工，也努力想要做好這份工作、扮演這個角色。

因為我們真心願意替服務對象謀求最大的福祉，當他們遭受到不平時，也會第一時間選擇跳出來。

確實就有這麼一群傻子。

這就是我們社工。

我想做的，就是透過故事，讓你理解他們、理解我們，並逐漸去除社工以及身心障礙者身上的標籤。

第 1 章

不只是做功德

談論到身心障礙者或社工時，你第一個想到什麼？

我想絕大多數對身心障礙者不熟悉的人，都會想到路邊讓人感覺舉止異常的「特殊人士」，抑或在求學階段前往「特教班」或「資源班」上課的同學們，又或者是在不見天日的機構中受到特殊照料的族群。

我相信大部分的人都接觸過身心障礙者，只是大多沒有察覺，他們在你我身邊努力過著跟常人類似的生活，但我們的印象卻僅僅只有上述那些，正是因為我們的腦海裡往往只會留有「媒體帶給我們」的印象。

這叫做「月暈效應」，人們總是將較深刻的印象類推到相同的族群。

那麼社工呢？全台灣有一萬七千名社工，他們或許在捷運上與你錯身，又或者在超商與你相視而笑，社工到底在做些什麼？你對他們又有哪些印象？

社工是不是會前往身心障礙者家中幫忙整理家務、替家屬照料他們？又或者在機構充當照顧服務員的角色？社工有沒有薪水？還是如同長官說的，是個充滿愛心做功德、不求回報的工作呢？

社工的第一步從手抖開始

「社工的第一步從手抖開始。」

這是我初踏入社會時，主管跟我說的話。

理想的工作都會有完善的交接與職前訓練，不過在社會工作圈卻很常見到新人匆忙就任，來不及提供任何訓練。社會福利組織的財源大多來自政府補助或者民眾捐款，人力吃緊，人員離職後才有辦法釋出職缺招聘新人。最幸運的情形是，在前任離職前找到新人並順利移交，更多時候則不得不讓工作空缺好幾個月，又因為社工工作大多一個蘿蔔一個坑，等到好不容易招募到新人時，同事跟長官往往對職務內容一問三不知，導致眾多社會工作的新進人員沒有完整的交接，甚至連自己要做什麼都毫無頭緒。

如果連交接都無法做到，遑論建立完整的工作流程、職務說明書，當然也就不會有職前訓練了。

我只記得當年懵懵懂懂地踏入社會工作圈，一名資深主管在會議中說出了「社工的第一步從手抖開始」，指新社工在第一次家庭訪視時按下個案家門鈴的顫抖。

除了這句話以外，沒有其他教育訓練。我只知道得照著名單打電話到不同的身心障礙者家庭，試著讓他們同意我去家裡拜訪，看看他們的生活情況、關心他們。

我當時並不知道自己可以做什麼、社工實際上到底是什麼。畢竟大學四年學的都是理論，從未有實作，雖然有四百小時的實習，卻常被實習單位當成雜工。我只知道家訪過程中不能漏掉任何我所看見、所聽見的，那些令我不解的事情，全都得記下來。

所以生命中的第一個服務對象，我有意選擇了阿芳。

畢竟她看不見我抄寫筆記，豈不妙哉？

***

阿芳那年七十歲，是全盲的重度視覺障礙者，在她的世界裡只有黑暗，還有聲音。

她對於我的約訪並不意外，只淡淡地說：「換成你了呀。」

她家的門鈴壞了，所以我沒按門鈴，撥通電話，她走到門口替我開了門。家裡一片黑暗，因為她根本不需要開燈。

我隨著她的步伐走入房間，她像是想起什麼似地折返，打開了電燈開關。

「歹勢，忘了開燈。啊你怎麼沒提醒我？」

她家的電燈壞了好幾盞，LED燈泡不斷閃爍。我沒開口，因為我知道對阿芳而言，電燈壞了並不重要。

自我介紹後我便開始詢問她的近況：「妳最近過得好不好？」

她雖然看不見，但耳朵可是很靈光的，對視障者來說，手部觸覺跟聽覺就是他們與外界接觸的一切，她一下就聽出了我的顫抖。

「你很緊張？你剛畢業？」

我坦承，並從背包裡拿出筆記本。

「你不用緊張。」阿芳笑了，接著告訴我，她不好，因為沒有錢。

阿芳出生沒幾年就因為患病導致失明，她後來去盲人重建院生活，學習生為盲人需要學習的一切，即便看不見也可以學習空間概念，以及利用手部摸索四周的定向訓練。除此之外，阿芳還在重建院認識了丈夫，幾年後，同為視覺障礙者的兩人生下孩子，孩子便成為了夫妻倆的眼睛。

他們仰賴按摩維生，不過後來阿芳的丈夫生病過世，家裡經濟陷入困境，她跟孩子自此過著貧困又辛苦的生活。

小孩長大後就跑了，頭也不回。有時候打電話回來也總是借錢，說媽媽有政府補助，但他沒有。

阿芳是這樣告訴我的。但我當時的會談能力不好，沒辦法釐清「故事」中的疑點——為什麼孩子會跑掉？阿芳與孩子之間發生了什麼事？是不是有爭執？為什麼當阿芳年老逐漸失能後，孩子也不願意回來？

到底發生過什麼事，我一概不知道。或者說，當時稚嫩的我，根本不敢細問這些問題。

我抄著筆記，記錄阿芳所表達的需求——最近沒錢繳房租。她雖然已經領了低收入戶補助，但還是不夠，問我可不可以幫忙；還有她在東區擺攤賣口香糖，卻不可避免地被警察取締，她咒罵警察沒有愛心，不買口香糖就算了還要罰她錢，問我能不能找人幫她繳罰金。這些問題，我一概只回答：要回去跟主管討論看看。

我能夠做的，就只是聽著而已。

或許她終究認清我只是個初入社會的小毛頭，不再談希望我解決的問題，開始漫無目的地聊著。

她問我怎麼會來當社工，以前讀的是哪裡的大學，我家住在哪裡，公司老闆對我好不好？

我則問她平常都怎麼打發時間，除了賣口香糖以外還會去哪裡，聽哪些廣播，跟誰批發口香糖去賣，跟同樣擺攤的身心障礙者起過什麼樣的糾紛？也問她怎麼不考慮回去做視障按摩，收入一定比賣口香糖穩定多了。

她嘆了口氣道，早年做盲人按摩時常被男客人吃豆腐，所以她一向不喜歡那份工作，加上年老色衰，手勁也不夠了，很多客人都會挑明不想讓她按摩。

最後，她的手機傳來電話報時。她告訴我，朋友等一下會打電話過來，暗示我今天的訪視差不多該結束了。

「幫我關燈，省錢。」她叮嚀我，然後說：「謝謝你今天跟我聊天。」

「對了，記得幫我問補助的事情。」她又提醒。

離職前，我陸續看了阿芳數次，儘管一開始她只耳提面命地要我協助她辦理補助，但隨著一次又一次到訪，她也總算卸下戒心，真誠地跟我互動，聊了更多她的過去。

她的孩子不甘成為夫妻倆的眼睛，終其一生承擔責任照顧兩人、沒有「自由的人生」，所以最終選擇離開。而每次兒子返家，都是向她伸手要錢，因為他知道阿芳有政府的補助，還會有社工固定關心，說不定社工還能夠替母親要到一些錢，他甚至會譏笑母親：「反正妳看起來很可憐，政府會給妳錢，路人也會給妳錢，但我比妳更可憐，這些錢不給我要給誰？」

阿芳也總算坦承，她跟我要錢是為了討好兒子，這樣下次兒子回家就會願意多停留一會兒。當談到讓她洩氣的兒子時，阿芳總會提醒我：

「你對爸爸、媽媽要孝順，知不知道？」

❊ ❊ ❊

只可惜我們不大可能替阿芳繳房租與罰金，她已經領有政府核發的租屋補助，不可能再額外加發，而罰金則是她個人的違法行為，政府當然不會買單。

一般大眾對社工的想像是很有愛心，有什麼困難找他們就對了。但說穿了，社工也只是政府制度下的一環，我們會連結政府資源，如果政府資源不足以支應，而民眾有（正當的）緊急困難，比如遭遇重大事故導致短期經濟困境等，則會協助尋找民間善心單位提供補助。

社工的功能不只「連結資源」這項，不過很多服務對象一接觸我們，都會急著想要知道能不能從我們這邊拿到「額外的補助」。

我當時天真地以為身為社工，能做的就是替服務對象拿到補助、拿到錢，除了連結資源外還能夠做什麼，我真的不知道。

身為一名新手社工，也只能陪伴他們。所以我按照規定每兩個月去看阿芳一次，跟她說說話，去了解、認識她，讓她知道，雖然兒子不再關心妳，但我關心妳。

後來，我離開了那份工作，卻一直記著阿芳。她是我生命中的第一個個案，我始終覺得她是最特別的存在——或許就像初戀一樣，你表現得很不成熟，或許還有一點幼稚，但總是難以忘懷，老是覺得如果重來一次，一定能夠做得更好。

我應該去釐清她的生命故事，對於她口中埋怨的事情，試著從一些新的角度切入，讚許她即便看不見、孩子也不在身邊，還是一個人勇敢地拚搏到現在。即便生命中遭遇了這麼多挫折，遇見我這個新手社工，她仍然願意關心我。

離職後，我每次經過東區，總是會特別行經她擺攤的那一道牆邊。

好幾次我都萌生叫喚她的念頭，但或許自覺擔任她社工時的不成熟與稚嫩，因此也只是隔著一段距離，靜靜望著她。

幾年後，我去東區時發現她已經不在了。

更多更多年以後，我已經成為一個相對資深的社工，大概猜得出來阿芳的缺席意味著什麼——她或許已經年老到無法再獨自外出，搭乘捷運，沿著不可靠的導盲磚與充滿機車的騎樓抵達那道牆。

又或者，她已經過世，畢竟我第一次見到她時，她已將近七十歲。

我望著那道牆，開始後悔上一次來沒有跟她說些話。即使她認出我會讓我回想起多年前那個笨拙的自己，但我可以跟她說，我現在已經不一樣了。或許我會盤點她的生活狀況，這時候我不再需要筆記，可以更專注地跟她談話，告訴她，還可以怎麼樣讓自己過得更好。

即便她忘了我也無所謂。

「又換社工了呀！」

阿湯哥五十五歲，是小兒麻痺患者，父母自他年幼患病後，在幾個兄弟姊妹的照顧上總是獨厚於他，導致成年後阿湯哥跟手足的關係並不融洽。

早年出社會後，因為得拄著拐杖行走，左右手的施力程度也不同，求職處處碰壁，他於是選擇成為職業駕駛——計程車司機。

他沒有結婚，照本人的說法是：「我這種跛跤的，誰要嫁？」

他似乎也習慣了單身的生活，曾跟幾個同樣是小兒麻痺的司機同行交好，不過他退化得比較早，五十歲就沒辦法繼續工作了。阿湯哥僅能仰賴補助過活，每個月八千元，幸好還有過世的父母親留給他的房子，據說父母指定把房子過戶給他，讓兄弟姊妹極為生氣。

「所以我跟他們都沒往來了。」他說。

光省租金也不代表能夠憑著八千元暢行無阻、享受生活，他因為有高血壓等慢性疾病，不時得就醫，免不了也會聽其他病友好康道相報，花錢買保健食品。加上房子年老失修，有時候漏水或傢俱破損，也不得不花錢修繕。跟兄弟姊妹借？沒門！就算一開始有朋友點頭同意借錢，但久而久之，也知道離他遠一點比較好。

「痛啊，雖然勉強還是能開計程車，不過反應變很慢了，加上又沒多少錢，其他司機有錢換車，但我沒錢啊！有時候好不容易排到客人，人家還會跳過我去坐下一台，乾脆不開了。」

我第一次跟他約訪視、進到他家時，他劈頭就說：「又換社工了呀！」

接著滔滔不絕地說以前遇過幾個社工，那些社工對他都是有求必應，要什麼有什麼，似乎是在暗示我。

他是計程車司機，見過人生百態，當然也能夠從我當時的拙樣看出我只是個新鮮人——上個禮拜才去拜訪過阿芳而已。

所以他開始「教」我怎麼樣當一個好社工，希望我三不五時打電話關心他、向他問好，說他一個人住很危險，要是突然跌倒沒人知道，不就死在家裡發臭了？

其實他根本不用擔心這些，畢竟他是低收入戶，使用長照不需自付額，當然可以用好用滿。但他抱怨居服員很不友善，要不是服務不用錢，他才不想用。

「你是男生，我跟你比較有話聊。」他下了結論。

他還說我身為社工應該要站在他的立場為他著想，一個月八千元怎麼夠，在台北怎麼生活？當天結束訪視前，他給了我功課，要我去查各種名目的補助，替他申請。

下一次家訪，我帶了主任阿雯一起去。

阿雯與阿湯哥年紀相當，而且是新時代女性，即便年紀跟我父母親差不多，但穿著打扮仍舊時髦，個子高的她總是喜歡穿洋裝。

阿湯哥見到阿雯後，上下打量著她。

「主任，晨宇沒說過妳這麼漂亮！」

薑畢竟是老的辣，阿雯四兩撥千金，沒有正面回應阿湯哥的「調戲」，公事公辦地聊起他的生活狀況，確認他生活大致無虞，所謂補助需求，單純只是錢不夠用。應該說阿湯哥老是把補助拿去花天酒地，如果是要花錢做無障礙設施，讓他在家裡暢行無礙、確保安全，反而可以討論是不是要申請專項補助。

「呃……妳這個主意是很好沒錯啦，不過那又不急……算了，我們先不要討論這個好了。」

果然是老江湖，三兩下就轉移話題了。

阿湯哥後來的話題都圍繞著阿零打轉，或許因為有同齡女性在場，所以他刻意表現得一切都很好，我們離開時，他也總算不再給我出功課。

從那之後，阿湯哥不再試探我，因為他知道我會把功課帶回去給阿零，阿零則會教我對應他的方式。不過，這時我對阿湯哥已經能更自在地互動，不擔心他再丟給我難題。

事實上，每一名社工的生涯初期都會遇見這種「專業個案」。他們對政府資源再熟悉不過，也都會確保自己不會遺漏任何服務，甚至刻意隱瞞從其他單位拿到的資源，怕你知道以後就不會給他更多。

因為這樣，我開始跟服務阿湯哥的其他單位聯絡，好比他的居家服務單位、長照窗口，才知道他有時候會調侃女居服員或女督導員，這才是他跟居服員處不來的真正原因。

但我也不會戳破他，因為我知道他的自尊心很高。我習慣在家訪前先在服務對象住家附近走走，起初是為了排除新手社工家訪前的緊張，後來變成認識他們生活周遭、建立話題的方式。我當時發現阿湯哥家附近的教會張貼了布告，提供弱勢者餐食：「我們歡迎任何人，只要你明白表達需要幫忙，那麼神就會敞開大門歡迎你進來吃頓飯！」

我於是走進教會表明身分，並詢問以阿湯哥的情形能不能來跟大家共餐。確認可行後，我便告訴阿湯哥這個好消息，甚至陪他去吃了一頓。

不過吃了幾個禮拜以後，阿湯哥卻跟我說他不去了。

「我是拿香的，他們那種耶穌基督……合不來啦！而且我每次都跟那些……遊民一起吃飯，我可是有房子的好不好！」

他用了一個宗教的理由，事實上卻可能是掩蓋他不甘與「遊民」一起吃飯的難堪。

但這畢竟是他的決定，我也選擇尊重。只是經歷過這次事件後，他再也不會跟我哭窮，畢竟他自願放棄可以每天省兩餐的餐錢，更沒有理由跟我說沒錢做其他事情了。

在一次又一次的家訪中，我們除了是社工跟個案以外，或許更像朋友。

「你現在是我唯一的朋友了。」他對我說。

離職前夕，我特地去知會他。

「你也要走了嗎？」他露出了落寞的神情。

「很抱歉，你又要換社工了。」我叮嚀道：「你可要對人家好一點。」

「祝你一路順風，你以後會再打給我吧？」他問道。

社工除了受到法令的規範外，也有「社工倫理」的限制。對於個案的一切事務我們通常要保密，除非是特殊議題，例如涉及違法或與他人的生命安全有關，或者與其他福利單位共同討論服務對象的福祉時，才可以例外公開與服務對象互動的內容。

因此，阿湯哥的故事除了關鍵資訊外，我做了極大程度的修正，這也是基於倫理的考量。

社工倫理也規範我們在工作期間不能夠與服務對象建立雙重關係，也就是說，雙方不能既是社工與個案的關係又彼此交往。說得更嚴格點，我們除了工作外不能私下與服務個案聯繫，但離職後就不再受到限制。

我連幾年都會打電話給阿湯哥，從社工升為督導後，也曾告訴他這個好消息。認識他的那段日子以來，我們彼此交換生活，我相信他是真的把我當成「重要的人」。我成為他所謂眾叛親離、沒有家人關心下的唯一一個「朋友」，他也成為磨練我如何與往後個案建立真摯關係的重要服務對象。

我相信每位身心障礙者都會面臨到不斷更換社工的困境，好不容易與一個社工建立關係，但過沒多久，對方就又因為不同理由離開。離開的原因很多，可能是個人家庭因素、職場支持不夠、薪資不滿足、沒有成就感，甚至是因為遇到了不友善的個案。

於是乎，社工如同過客，也難怪服務個案在初次接觸我們時總帶著防備與戒心，只會開門見山地質問能夠給他們什麼。

或許他們認為很難在社工身上得到真正的關心與陪伴，與其這樣浪費彼此的時間，不如先挑明了說：「你們這些社工到底能給我什麼物質上的幫助？」

社工與服務對象的長期陪伴，似乎成了都市傳說，而如何留住社工，也成了另一個延續高品質社會福利的難題。

我們能做的，只有陪伴而已

小紅跟小帽是高中同學，但當時只是點頭之交，直到大學畢業後在同學會上再度聚首。

小帽沉默寡言，但性情質樸可靠，是個單純的男人，大學畢業後進入傳統產業，除了工作外，平時的興趣是打電動跟看動漫。至於小紅則落落大方，是個健談開朗的大女孩，個性活潑的她負責交際，也有整群好姊妹陪在身邊，工作能力更是有目共睹。

交往幾年後，他們決定步入婚姻，也說好結婚三年、享受完兩人生活後要開始備孕生孩子。

不料一天半夜，小紅接到小帽同事的電話——小帽昏倒了。

小帽的工作需要輪班，傳統產業當時正值興盛期，是台灣經濟命脈的支柱，而個性敦厚的他，除了工作上本來就需要輪班外，也樂於替同事代班。

小帽被緊急送往醫院，經診斷為出血性中風。醫生推測是因為工作過度操勞，加上頻頻輪班，身體負荷不了。

那年，兩人都才二十八歲。

「我們那時候都那麼年輕，我相信他一定會好起來的，一定會好起來……」小紅描述當時的心情。

然而小帽從來沒有醒過——更正確地說，他雖然醒了，但人生從此在半夢半醒中。

植物人的英文原文是「persistent vegetative state」，也就是「持續性植物狀態」，雖然還活著，卻像植物一樣。但小帽並非典型的植物人，仍勉強能夠用他的方式與外界溝通，只是溝通方式僅剩下哀號。

小帽再也無法起身，就連自主在床上翻身都沒有辦法，宛如死屍，一動也不動。偶爾他恢復意識時能眨眼，從回應可以知道他清醒著，當小紅輕輕撫摸他的時候，他也會哭，或者說，「應該」是在哭，他會發出「啊……」的聲音。隨著日子一天天過去，小帽的喉部肌肉逐漸萎縮，後來的回音更像是囈語。

而我正是在小帽致障第十年去探望他們。

第一次家訪時我就聽見他的哭聲，那時候我已經工作幾個月，熟練地詢問小帽為什麼會生病、當時發生了什麼事。即便我們已從各方接獲通報，通報資料也都記錄了數百字乃至上千字的內容，我仍習慣從頭問一次。我始終相信用自己的角度去了解、聆聽他們的生命故事，識別說故事者「如何詮釋」自己的生命史，才能夠真正與他們交會。

當小紅提到小帽深夜工作時驟然倒下，又提到她十年來辛勤的照顧，小帽哀號著：「啊……啊……嗚呃……」

「你哭什麼哭啊？」小紅轉頭過去，親暱地推了推丈夫的頭，接著抽了床邊的衛生紙為他擦去淚水：「你真的很愛哭耶！哭哭哭，都幫你擦眼淚好累耶！你什麼時候才要自己擦？」

接著小紅繼續說故事。

自從小帽生病後，她便辭去工作專心照料，儘管一直懷抱著希望，但一年一年過去，她也不再那麼相信奇蹟了。

獨力照顧小帽當然很累，她個子嬌小又纖細，小帽是個一百八十公分的大男人，卻時常要抱進抱出。小紅很快就知道需要幫忙，便主動申請長照服務，讓居家服務員每天來幾個小時，自己才能夠稍微休息。

她也曾經求助夫家。小帽有一個弟弟，媽媽也還在，但是他們搖搖頭說幫不上忙，小紅是小帽的妻子，「理應」照顧丈夫。

「笑死人！難道他們就不是他的家人喔！」我脫口而出。

「我第一次聽到社工講這種話。」小紅笑了出來，接著說：「我以前遇到的社工都好正經。」

我那時候才知道，小帽是非典型的植物人，而我或許也是非典型的社工。

小紅與長照居家服務員配搭，壓力雖然減輕，但隨著照顧的年資提升，不禁懷疑、擔心小帽再也無法復原，這讓她瀕臨潰堤邊緣，開始出現掉髮的問題。一頭長髮的她，撥開飄逸的秀髮，露出的頭皮卻像是被狗啃過的。

「老人家說這是鬼剃頭，太累了啦！」小紅似乎不以為然。

長照資源以及創世基金會的植物人服務先後進去，也鼓勵小紅讓小帽進入創世基金會安置，放手去過自己的人生。

「我怎麼可能捨得，我們已經結婚十三年了耶！」她笑著對我說。即便至今已經過了十幾年，我始終難以忘懷她當時的笑容。

小紅帽夫妻該有的社會福利都已經有了——論照顧，有長照服務的居家服務員介入；論安置，有創世基金會允諾接手；論支持，在困境中仍笑口常開的小紅也樂於接受各種善心單位的志工定期關懷。

那我的角色是什麼呢？身為政府單位身障社工的我，更大的功能在於「社會控制」，也就是代替政府隨時照看小紅帽一家，確保不會發生任何憾事，又或者即便發生憾事，也能夠及時接手處理。

「你以後還會來嗎？」結束第一次家訪後她說，還很「專業」地問我：「你會開案服務嗎？」

我愣了一下，反問她：「妳希望我開案服務嗎？」

開案服務是指以後會繼續關懷，不開案服務則是會向服務對象說明今後不會再去家裡打擾、甚至不會再打電話過去，將「社工」的資源移轉給下一個有需要的身心障礙家庭。

她望向小帽，停頓了一會兒，接著對我說：「你滿好聊的，以後歡迎再來。」

後來我才知道，如果小帽不喜歡到訪的社工，會將頭偏向一邊（雖然我很懷疑他的頭其實根本沒辦法動彈），小紅就會明白他的意思，畢竟他們相愛超過十年，一個眼神、一個表情，她都能夠輕易判讀。

這段期間，對小帽懷抱希望的小紅仍然積極嘗試各種民俗療法，只要聽到哪裡有病人因此改善，她就會向娘家籌錢帶小帽去治療。

一個弱女子從不會騎車、開車，到現在可以獨力扛著丈夫坐進副駕駛座；從每次上路膽顫心驚，到變成熟門熟路的老司機。她總是開著妹妹淘汰的舊車載小帽四處求醫，不放棄任何希望。

後來他們聽說外地有個密醫非常厲害，不過需要接連兩個月每天去治療，因此索性搬家，我也只好前往位於服務轄區五十公里外的小紅帽新租處拜訪。

「我以為你會結案咧。」小紅開門時這麼對我說。

「我想來驗收成果。」我笑著說。事實上，我的主管阿雯知道他們搬離轄區，便跟我討論這個案件應該結案了，但我認為小紅帽只是暫時搬離，畢竟小紅的娘家就在我們的轄區，他們大概很快就會搬回來了。

「效果不怎麼樣，還花了不少錢。」小紅將小帽的手拉了起來，說：「你看，還是軟趴趴。」

「現在放棄的話，比賽就結束了喔！」我引用經典動畫《灌籃高手》的台詞，因為我知道他們懂，接著補充道：「療程又還沒做完。」

「你是阿宅喔？竟然用漫畫台詞，難怪我老公說可以讓你再來。」

然而民俗療法對小帽的效果並不顯著，兩個月後他們果然就搬回了我服務的轄區，小紅仍得每天替小帽按摩，以免他的肌肉與關節因為長期臥床完全失去功能。

又過了幾個月，小紅打電話問我能不能去家裡看他們，剛好我當天沒有排外勤行程，便在接到電話後不久出門。

小紅在家門外喜形於色，我問她：「幹麼？妳今天心情怎麼這麼好？」

「你進來就知道。」

我一進門，便聽到一個從未聽過的聲音。

「咳……呃……王……呃工。」

小帽開口說話了。

我愣住，僵直在原地。

「他昨天半夜……突然跟我說話……他可以說話了。」小紅伸手抹去淚水，哭得一塌糊塗。

我也掉下一串眼淚，摘下眼鏡用衣袖擦了擦臉，才向小帽走去。

「嗨，小帽，我是王社工，請多指教。」我試著與他握手。

「多……多……支教……」小帽的手依然無力，我能夠感覺到他的肌肉功能並沒有恢復，但當時仍相信他會越來越好。

我成了第一個知道小帽能夠說話的社工，到底是憑什麼呢？這一年來我什麼也沒多做呀……我明明沒有替小紅帽多連結什麼服務，也沒有給他們任何補助，難道我其實做了什麼很了不起的事嗎？

「我今天請你來，是有一件事情要拜託你。」小紅跟我簡單講了小帽醒來這幾個小時的事情後，終於說到了重點。

「小帽生病後，我把他所有漫畫跟動畫DVD都捐出去了，可是現在他跟我說想看漫畫。」小紅抓了抓頭，笑著說：「你是我唯一認識的阿宅。」

小帽生病後，家裡需要清出空間放電動床，只好忍痛清空滿坑滿谷的漫畫與動畫DVD。聽說一發布消息說要贈送給同好，大家還以為是租書店結束營業大放送呢！再說，我才不是阿宅咧！但倒是收齊了當時火紅的《死亡筆記本》漫畫全套，於是我回答道：「有什麼問題，我明天帶來，上班前拿給妳！」

原來是因為要借漫畫才會通知我啊……可惡……我好像把自己想得太偉大了。

一個禮拜後，小紅帽講好要嚇嚇創世基金會的社工，他們在社工即將離開前讓小帽道別，據說那位社工聽到小帽的聲音竟然放聲尖叫——她嚇壞了，後來更哭著跟小紅抱在一起。聽見這件事的我，很慶幸自己當時只是默默掉眼淚，而不是哭天搶地。

後來小紅也埋怨過：「小帽醒來有什麼好，煩死了！他現在手沒有力，都要我幫他翻頁。幫忙翻漫畫很累耶！你有沒有動畫可以讓他看啦？」

身為一個擅長「連結資源」的社工，這個請求我當然義不容辭。

幾個月後，我離開了那份工作，離開前特地去拜訪他們。

「所以以後會換社工囉……？」小紅也很熟悉社工的更迭，畢竟這十年來他們必定經歷了很多很多社工。

「不過，我想我們更像是朋友。」我斬釘截鐵地說。

「那我們以後還會聯絡囉？」小紅問我，語氣似乎並不確定。

「如果你們願意的話。」

第一次家訪離開前我曾問她：「妳希望我開案服務嗎？」這次我則想問：「你們願意跟我當朋友嗎？」

小紅轉頭望向丈夫。

「朋……朋友。」小帽說。

後來，我輾轉換了幾份工作，也在幾年前當上社工督導，而無論是哪一種身分，我都會不斷和同事與服務對象分享小紅帽的故事。我想讓所有人知道，曾經有一對夫妻，丈夫壯年時因為埋首工作，不幸導致腦部出血性中風，變成植物人，但妻子不棄不離，用愛灌溉，十年後丈夫醒來，終於能夠開口說話，感謝妻子這十年來的點滴照顧。

這是我十幾年社工生涯所遇見第一位「醒來」的植物人。

落入政府服務體系的身心障礙者以往大多過得很辛苦，歷經挫折，最後才不得不讓政府接手處理，否則誰想要一個「外人」到家裡指指點點呢？在他們眼裡，未來沒有希望——不，或許他們從來沒有想過未來。

然而我們都喜歡故事，都希望有朝一日能夠成為故事中的主角。

所以我總是會向服務對象或家屬述說小紅帽的故事，接著再對服務對象說：「你也要越來越好，到時我就可以把你的故事說給別人聽。」

隨著年資越來越久，我才明白一名社工要在工作生涯中遇見甦醒的植物人何其難得，更何況，我們後來還一直保持聯絡，也一起走到人生的下一個階段。

我想，我之所以是第一個知道小帽能夠開口說話的社工，除了他們誤以為我是阿宅外，或許也因為我一直陪伴著他們。

我當時能夠做的就只有陪伴而已。

陪伴一個家庭去檢視自己的生命故事，讓他們能夠重新面對過往的挫折，改變看待過去的角度，協助轉念，進而拾起勇氣奮力向前，這正是每一個社工都努力在做的事情。

當然這並不簡單，因為社工會吸收很多服務對象當下的負面情緒，而不是光說教、說故事就能夠讓服務對象轉念，有時候他們所敘述的陰霾與負能量也會使得社工將情緒帶回私生活。

我想我只是比其他社工幸運了點，能夠在生涯初期遇見小紅帽，去學習不管面對多大的挫折，仍然笑笑地看待這個世界。

「我長大以後也要成為跟你一樣的社工！」

一如既往，我接到了其他單位轉介的個案。這個案件是被鄰居通報的，因為發現新來的租戶總是傳來一陣又一陣孩子的哭泣與哀號，他們擔心是家暴事件，於是撥打113通報進案。

家庭暴力暨性侵害防治中心（簡稱家防）社工前往調查訪視後，發現哀號聲來自一名重度智能障礙女性小蔡。

十八歲的小蔡自高中從特殊教育學校畢業後便由家人照料，因為家人白天需要上班，不得不將她留在家中，但她喜歡東摸摸、西摸摸，甚至可能會打開門鎖外出遊蕩。迫於無奈，媽媽阿珠只好將她用繩子綁在椅子上，一旁桌上則分裝好幾份零食，一袋又一袋，讓她餓了可以充飢。

阿珠就在附近從事清潔工作，她會每個小時繞回家裡一趟，帶小蔡去上廁所，中午休息時間夠長，則會回家稍微整理，也陪她一塊吃飯。

家防中心評估這並非家庭暴力事件，但畢竟是由媽媽單親照顧小蔡，還有一個小學六年級的弟弟，因此仍然需要讓專責服務身心障礙者的社工後續關懷，連結必要的資源。

第一次家訪時，阿珠戰戰兢兢地接待我。因為最初被鄰居通報誤以為是家暴事件，所以當時家防社工家訪的態度極為嚴厲，要評估媽媽有沒有刻意虐待或者疏忽照顧小蔡的事實。這次阿珠也高度緊繃，以為又有社工來訪，是要再來「檢查」什麼。

「拜託你們不要帶走小蔡！」我才說了兩句話，阿珠便急得掉下眼淚。

我微笑說道：「我今天來，不是要把小蔡帶走，而是要確保妳能夠一直照顧她。」

沒錯，我的到訪是要去整體評估小蔡家的狀況。阿珠單親又單獨照顧小蔡，另外有個年紀還小的兒子，白天又得從事繁重的清潔工作，因此勢必要有資源介入減輕照顧的壓力。

小蔡是重度智能障礙者，她的智能跟三、五歲的幼兒差不多，雖然能夠自由行走，但容易因為平衡問題搖搖晃晃，不時跌倒。她沒辦法自己上廁所跟洗澡，也無法控制如廁，如果沒有定時提醒、帶她去廁所，就會直接便溺在褲子上。她雖然勉強能夠自行扒飯，但老是會弄得四周宛如被槍火轟炸過。

整體而言，小蔡沒有自理能力，最好要有人隨侍一旁，但偏偏她對周遭事物充滿好奇，總是這裡摸摸、那裡轉轉，什麼都不放過。

小蔡一歲多時家人就發現了她的異樣，七月坐、八月爬，但她直到一歲五個月還沒辦法爬行，去醫院檢查發現是發展遲緩，隨後幾年則確認是智能障礙重度。

從那之後，阿珠不斷被小蔡的奶奶責怪，說一定是她家基因不好，才會生出這個智障女兒。

婚後幾年，小蔡的爸爸偶爾還能在阿珠跟奶奶之間協調，但自從弟弟出生後，家裡經濟負擔越來越重，且阿珠從照顧小蔡時就發現丈夫沒有那麼負責任，現在她同時要照顧小蔡跟弟弟，完全無法負荷這樣的壓力。

丈夫在工地工作，理應要為第二個孩子的出世而變得更加負責、承擔更多，但或許因為婆媳問題嚴重，他開始越來越晚回家。到後來，甚至會替奶奶幫腔：「弟弟沒有問題……小蔡是不是妳去外面跟人偷生的啊？」

說著說著，丈夫似乎也相信了自己的說詞。他以前都會按時將薪水繳回家用，後來卻幾乎不再拿錢回家，甚至懷疑弟弟也是阿珠在外面跟人偷生的。

後來丈夫開始會對阿珠口出惡言，炮火還波及到孩子身上。小蔡便溺在客廳時，他會朝不懂事的女兒吼叫，讓她嚇得嚎啕大哭，還會在弟弟面前耍性子，讓他也感到懼怕。於是阿珠再也受不了，婆婆過世後，不需要再忍受她的冷嘲熱諷，如今丈夫卻像複製般重現了婆婆的惡毒，加上他那幾年幾乎不聞問孩子的生活費，還是小蔡終於進入特教學校，才讓她得以出去工作，好不容易存夠錢，阿珠下定決心離婚。

「離就離啊！我看你們沒有我怎麼活！」阿珠轉述前夫是這樣放話的。

幾個禮拜前，她帶著兩個孩子搬來現居地租屋，前夫一通電話都沒有來過，似乎狠下心跟他們斷了關係。

「雖然一定很辛苦，但我覺得妳做了一個正確的決定。」在我說這句話的同時，弟弟忙進忙出，替姊姊擦拭衣服上的食物殘渣，還幫阿珠把桌面整理了一番。忙完以後，他就坐在一旁聽我們講話，安安靜靜，一言不發。

「妳看，弟弟好乖，我從進來到現在，弟弟就一直在幫妳做家事，小蔡也不吵不鬧——離開是對的，至少他沒辦法再影響他們了。」

「對……他們真的很乖。」阿珠似乎忘了我要把小蔡帶走的焦慮。

我在接下來幾次見面都陪著阿珠四處奔走，包括申請低收入戶補助、以特殊境遇家庭的名義申請生活補助等，阿珠一家取得了福利身分後，使用長照服務也無須再負擔自付額。

除了陪他們面對繁雜的行政流程，又因為阿珠不放心居家服務員在她外出時短暫照料小蔡，所以接連幾次我都跟阿珠一起陪著居服員提供服務，提醒小蔡的習性與照顧訣竅。我也帶著他們與居服單位簽訂切結書，讓阿珠同意對方保管鑰匙，居服員才能夠自行在阿珠工作時開門進去提供服務。

我逐漸發現，小蔡之所以會在阿珠離開時大叫，是因為她看不見媽媽，又沒人可以陪她玩，但如果居服員每天都可以過去幾個小時，有人跟她互動，她就不會媽媽一離開便大吼大叫了。

至於阿珠過去將小蔡綁在椅子上的做法，也必須試著理解。我知道她是擔心自己不在時小蔡亂跑出去，或在家裡發生危險，不過這畢竟是不人道且殘忍的做法。如果擔心她跑出去，可以更換為較複雜的門鎖，讓小蔡沒辦法輕易開啟，再將剪刀、美工刀、原子筆、扳手等危險的工具收起來，讓她不至於拿到利器誤傷自己，加上居服員固定頻率、時間到家，也能轉移小蔡亂拿東西的焦點。

阿珠訝異地告訴我，她從來就不知道政府有這些資源，即便知道也不敢一個人去申請。她讀的書不多，光是各種繁複的資料就夠讓她打退堂鼓了。

「這就是政府派我來的原因呀！」

或許阿珠心裡還是會擔心政府將小蔡甚至弟弟帶走，所以在媒合資源的過程中都積極配合，還特別請了好幾次假跟我跑了幾趟區公所。等到所有資源到位後，她終於不需要頻繁地每個小時回家一趟，只要在居服員無法前去的上午或午後，稍稍回家看顧即可。當然，她仍然保持中午返家陪小蔡吃飯的慣例。

「我就是想餵她每一餐，直到我沒辦法照顧為止。」阿珠說。

有次她還向我坦承，前一天居服員請假，所以她不得不把小蔡綁在家裡。

「噓！不要讓我知道，我會當妳沒講過。」

「啊……那你不要跟別人講喔！」

有的人可能會好奇，既然阿珠要工作，來來回回照顧實在太辛苦了，怎麼不乾脆送小蔡去照顧機構呢？

這可以分三個層面來討論，一是家屬放心不下，你如果有高度照顧需求的孩子要一天二十四小時託人照顧，勢必會擔心她適應不好、受人欺負；二是機構照顧需要大筆金錢，如果不是低收或者相關福利戶，每月自付額可能要兩、三萬元，即便有補助也還是要付數千元，對小蔡這種家庭確實很困難；三則是幾乎所有機構都是額滿狀態，通常身心障礙者一進機構就不會再出去，若要床位空出，通常都得等到有人死亡，所以往往一等就是好幾年。另外，當時還很少有身心障礙者的日間照顧中心，可以白天送他們去「上課」，傍晚再接回來，即便有，也無法接送所有學員，家屬的接送便又成為了另外一個難題。

阿珠單親照料小蔡與弟弟，同時承受多年的家庭暴力，也日夜擔心自己要是照顧不好，孩子可能會被政府強制帶走，她鐵定沒辦法接受跟孩子長時間分離、給他人照料，所以低強度的居家照顧是最適合的。

我始終認為小蔡認不出我是誰，畢竟我一個月只上門一趟，有時還是跟阿珠外出去各種機構辦事，但每次我去家裡拜訪時，弟弟倒是都會跟我聊天，有時候一邊寫功課也會問我：「哥哥，這題你會嗎？」

我第一份工作只做了一年六個月，新鮮人沒什麼選擇，大組織進不去，只好進入沒有絲毫教育訓練的小型社會福利組織，累積了一段時間的經歷後，我自覺應該快點離職好尋覓下一份工作。

我最後一次前往小蔡家訪視，弟弟替我開了門，我感到有些意外，他這時候應該在學校上課的呀！

「你怎麼沒去上課？」

阿珠緩緩從客廳走了出來，跟我說：「弟弟知道今天是你最後一次來，吵著說要請假。」

「你有什麼話要跟我說嗎？」

「哥哥我要跟你說，我長大以後也要變成跟你一樣的社工。」

「真的嗎？可是哥哥覺得我社工當得不怎麼樣耶，哈哈哈！」

「但是你每次來家裡，都讓我們很安心。」阿珠在旁邊補充道：「我們真的真的很謝謝你。」

「王哥哥，我長大以後也要成為跟你一樣的社工！」弟弟又說了一次。

在阿珠一家的故事中，我從來沒有想過所作所為會對他們造成多大的改變，畢竟我只是做該做的事，在阿珠剛脫離充斥著家庭暴力的夫家時，協助連結應該連結的資源；在她搞不懂各項福利措施時，協助將「中文翻譯成中文」，解釋拗口的服務名稱——長照是長期照顧，意即是政府補助服務費用，只要每小時花一點點錢，就能夠請照顧服務員來帶小蔡上廁所、散步，甚至陪她玩；低收入戶就是政府能提供金錢補助，也會再三幫他們檢查申請過程中應備的文件以及每個申請欄位的實際填寫方式；此外像居服督導是什麼？有哪些事情可以跟他溝通？阿珠臨時有事或者走不開時要怎麼向單位申請臨時增加服務需求？

這些事情任何一個社工都能夠做到。

但我卻永遠記得弟弟抬頭挺胸、深吸一口氣說出「我長大以後也要成為跟你一樣的社工」這句話的表情。我老是會想……唉，你這小子將來會後悔的呀！當社工薪水不高還不打緊，過了這麼多年也依然沒有多少人知道社工跟志工的差異，再說，以後搞不好還會因為當社工被女生嫌棄、討不到老婆。

事實上，坊間確實有這麼一個都市傳說——選擇當社工、讀社工系的人，很多都是受過創傷或者家庭不美滿的人，他們往往在殘缺的生長環境中長大。

我得說，這句話既對、但又不對。

每個人幾乎都從家庭帶著不同的傷痕活到現在，如果全世界有八成的人都受過傷害，那社工之中肯定也有八成受過傷，不是嗎？

也確實有一小部分社工是在成長過程中遇見了讓他們難忘的社工，所以選擇未來投入這項職業。

我遇見小蔡很多很多年以後，有次接到一通電話，來電者是多年前曾經接受過前任單位社工服務的青年。前任單位從事的領域正是兒童與青少年，因為他們後來搬離，才讓我們有機會在同一個地點提供身心障礙服務。

我告訴了他單位轉換的消息，我們現在服務的是身心障礙者，並不是兒少相關單位，如果他想要回饋原本的單位，我可以居中牽線，知會那所兒少機構。

從電話中，我聽出他的猶豫。

「你是不是以前下課後都來這裡？聽說以前這裡有很多接受服務的小朋友過來課後輔導？我猜……你其實是對這個場地有感情？」

他似乎很意外，因為我猜中了他沒有開口的需求。沉默了一下，他接著肯定地說：「我好懷念以前在那裡玩的日子，現在我長大了……以前社工幫忙我們家的問題也都解決了。我也想要盡一份力，為別人付出。」

「我來想想，看能不能讓你也來當志工。」我說。

「太感謝你了！」

可惜後來新冠肺炎肆虐，考量疫情嚴峻，所以他不得不放棄來當志工的機會，不然我原本打算安排大學就讀音樂系、會帶動舞蹈的他，來替我們的身心障礙者帶一些簡單的唱跳課程。

我至今仍在等待能夠在職場遇見小蔡的弟弟，我相信假使遇見了他，他一定會是比我更優秀的社工。

御前帶刀侍衛

老林今年九十歲，一個人住在偏僻的山徑旁，簡單的鐵皮屋一應俱全，有廚房、客廳、浴廁，還有他的房間。據他說，是以前一個當兵同袍見他來台灣以後孤苦伶仃，便把山上一塊地送給他。

「那個老朋友真夠意思。」老林是這麼說的。

他在八年抗戰末期從軍，理所當然地加入國共內戰，並隨著國民黨播遷來台，但也從此跟家人失散。

他一直心心念念家鄉的家人，尤其是妹妹。他記得小時候好疼妹妹，而或許是兄妹情深，有一天竟然讓他在台北車站遇見了妹妹。

當年，老林已經五十歲，妹妹則早已嫁人遠居台中。

老林說道，他只要一放假就會去探訪妹妹一家人，妹妹也曾問他要不要乾脆搬到台中，但是老林拒絕了。

他那時候剛取得朋友給的土地，幾個老同袍相互合作蓋了好幾個相仿的鐵皮屋。他們都是老戰友，全部單身未娶，兄弟間說好大夥以後住在附近，彼此照應，他不能毀壞跟兄弟的承諾，縱使幾個同袍都勸他應該跟妹妹住在一塊。

「我妹妹可不是說要讓我跟她住在一起，是住在附近，我哪有那個錢啊！當軍人的，加上我又不是軍官，薪水不過一塊兩毛五，付車錢還可以，房子買不起！我是曾經考慮搬過去，不過只是想想而已，後來也就一直住在這裡了。」

一年如果有四十八週，那老林就搭火車南下台中四十八次。他把外甥跟外甥女當成自己的小孩，一拿到薪水，重要的不是餵飽自己，而是給兩個小毛頭買買玩具、添購課外書。

「要讀書才好，不要像我一樣當一輩子軍人！」

很可惜，老林的同袍不像他活得這麼久，紛紛在六、七十歲因為各種緣故去世，就他一個人活到九十歲。

「他們真好命，不像我還死皮賴臉活到現在。」

外甥與外甥女長大成人以後，知道老林幾位弟兄都已經過世，也曾邀約舅舅跟他們住近一些。

「這裡住久了，有感情了。」老林回絕。

後來，外甥與外甥女也開枝散葉，成為了爺爺、奶奶。

「他們也老了，不年輕了，還要照顧我像話嗎？我才不要連累他們！」

由此可見，老林真的很不喜歡造成別人的負擔。

我離開第一份身障工作後，先去當了廣告公司的業務，但做了一陣子發現根本不適合自己。先前因為某些案件萌生了老人工作的興趣，恰巧有個學長挖角，我便又回到社工界。

這回做的是政府公辦民營老人中心的社工，像老林這種獨居老人便是我們的服務對象。

此外，老林還有榮民身分，所以榮服處的志工組長也是合作對象，負責老林的組長姓王，恰巧跟我同姓。說是志工組長，但他們其實有支薪，做的事情也跟社工沒有兩樣，只不過一個個在過去軍旅時期都是軍官。對老林來說，即便已經退伍數十年，他還是習慣稱呼志工組長為長官，就連我，他也是這麼叫，說只要是政府派來的都是長官。所以我一個二十五歲的小夥子便同樣被老林以長官稱呼，只是為了區別，他都叫王組長為老長官，我則是小長官。

我跟王組長見過幾次面，因為恰巧有好幾個案件都是我跟他一塊負責，所以很常互通有無、互相聯繫，不過我大多時間都是一個人去拜訪老林，除非有些事情需要拜託王組長，例如政府的「緊急救援系統」服務。

老林這樣的獨居老人（或是身心障礙者），可以在家裡安裝救援系統，如果你不每天主動回報，它就會鈴聲大作吵死你，甚至私自主張呼叫警方破門而入，實在有點煩人，不過對於獨居弱勢者來說，能確保每天報平安，也能及時發現緊急狀況。只是我們好說歹說，即便動用王組長也說服不了老林，畢竟他那老小子實在太堅持不想麻煩別人了。

「我死就死了，幹麼勞師動眾？」他是這麼回應的。

更多時候，我只是去單純跟他聊聊，讓他知道這個世界上除了他不想叨擾的親人外，還有人願意關心他——事實上更像騷擾他。但他也很樂意和我話家常，總是天南地北地聊，一直聊到他的軍旅生涯，我問起他過去在哪裡服役。

「總統府，我可是憲兵。」原本開朗健談的老林，話突然變得簡短，向我靠近悄聲道：「我是老總統的貼身侍衛。」

老總統……誰？

「老蔣，蔣中正，我後來因為動作慢了，改當他的司機。」

他這一回答，讓我嚇了一跳，忍不住問他：「哇！太酷了！有沒有什麼蔣中正的趣事呀？」

「是老總統，小長官你的口氣太輕佻了喔！」老林糾正我。

「對不起，那有沒有……」

「小長官，我發過誓的。我終身為國家奉獻，現在老了也不想給國家造成麻煩，老總統的事情我當然也發過誓，不能說。」

「一點也不能說？」

「不能，我只能說到這裡。」他很堅持。

後來家訪時我總是有意無意地探問，但他都會皺起眉頭說：「小長官，我的口風可是很緊的。」

或許因為我頻繁到訪，老林終於也賦予了我一個重責大任。

像他這樣的單身榮民，或多或少都有積蓄，其實這也是榮服處志工組長的任務之一，他們之所以密切跟榮民聯繫，正是擔心這些老軍人在晚年被詐騙，陷入困境。他們鼓勵榮民預立遺囑，有些人會樂於將積蓄奉獻國家，有些則希望留給尚在台灣的家人，但如果沒有事先處理好遺囑，後續就容易發生糾紛。志工組長千拜託萬拜託，請我家訪時要不時提及，讓老林放在心上。

有一天，志工組長突然來了電話，說老林決定預立遺囑了，而他屬意的代筆人竟然是我。

王組長已經在老林家等著，他遞給我一張紅色直格線信紙，老林說出挑選我為代筆人的主因：「小老弟，我記得你的字還滿好看的。」

那是我第一次協助個案代立遺囑，當天我跟王組長一塊當見證人，全程錄音、錄影，由我親筆寫下老林的遺囑。

老林說道，他要將大部分積蓄給外甥與外甥女，至於房子所在的土地則要捐給國家，並留了一百萬元給榮民服務處，讓他們辦完後事再跟外甥與外甥女聯絡。

「我一個老頭死了就算了，葬禮就讓國家來辦，別讓他們費心從台中上來。」他到這個時候還在惦記不要造成家人負擔。

我便按著老林的話，一字一句寫下他的遺言與後續財產規劃，過程中膽顫心驚，實在太怕寫錯字啦！

王組長跟我一起離開老林家，表示很感謝我這幾個月來頻繁到訪，他沒想過竟然能說服老林立下遺囑。

「你們社工真的太神了！」他這麼說。

「你們志工組長也很神好不好！」我恭維回去。

既然是老人工作，那麼就不得不見到服務對象一個個因為衰老而死去，或許因為送走了太多人，我最終也選擇離開了老人工作。幸好我離職前，老林仍然安好，我當然也去了他家裡道別。

對於當天預立遺囑的事情，老林絕口不提，只祝福我：「希望你能夠擁有一個美好的人生。」

幾年後，我收到一紙榮服處的公文，寫到我多年前曾經替老林預立遺囑，如今他幾乎將遺產全給了外甥與外甥女，他們想知道過程中遺產的受贈者有沒有施加壓力，而老林當時請我執筆遺囑時的精神狀況是否清楚，這項安排是否如他所願。

我聯絡榮服處，告訴了承辦人當天的經過，肯定遺產的安排是老林深思熟慮後所下的決定。

「我希望能夠按照老林說的，將他的遺產全部交給他唯一的親人，你們會按照老林的指示安排嗎？」

「我們當然會。」榮服處人員肯定道。
那我就放心了。
老林，你可以安心地走了。掛上電話後，我心中呢喃道。

❊ ❊ ❊

不同的社工會被規範不同的家訪頻率，從一年到一個月一次不等。你可能會好奇，到底為什麼會有這樣的規定？當然，工作屬性相異的社工對於「管理」不同個案的緊密程度會有所差異，風險越高的服務對象越需要社工密切到訪，像老林這種獨居又堅持不使用各種資源的老人，風險更高，畢竟他可能隨時在家裡跌倒，一不小心躺好幾天沒人知道。

社工都會盡可能安排各種資源進去，例如每週一次的志工電話關心，或者每天一次的中午送餐，甚至是每天「騷擾」兩次的緊急救援系統，這樣的安排能夠讓服務對象在發生狀況時第一時間被發現。

社工固定頻率地到訪，會讓服務對象逐漸習慣，進一步建立關係，更可能會因為我們的推薦而開始使用資源。

民眾往往誤認為社工是第一線的服務人員，例如會把我們跟居家服務員搞混，以為我們得替老林這麼高齡的服務對象把屎把尿，或者每每需要陪他看醫生，甚至得每天上門探望。其實這類重複性偏高的工作並非社工的業務，像我們就把老林的電話關懷外包給銀髮志工來做，讓健康的老人來關懷亞健康或失能的老人，我們更多時候則是在與服務對象「溝通」，過濾所有資源，選擇最適合他現況的服務。透過口語、以簡單易懂的方式協助對方理解，降低他對資源的擔憂，才可能讓他進一步嘗試接受服務，納入整個大服務網絡中。

「我真的很想死，但我連去死的力氣都沒有」

霞姨今年八十八歲，她的丈夫過世十幾年了，夫妻倆以前都是老師，早早就將孩子分別送到歐美等地，其中距離最近的那一位，竟然也遠在美西。

霞姨不會使用電腦，跟子女都是用越洋電話聯絡，他們會輪流打電話，保持一個禮拜一次的頻率關心。

子女當然也考慮過要把霞姨接去國外，但她雖然以前是英文老師，卻也只會教科書上的英文，加上年紀大了，根本忘記要怎麼說英文，除了語言隔閡外，這麼老了要她去人生地不熟的地方，她也不肯。

她的身體狀況這幾個月以來如同溜滑梯，原本住在透天厝的二樓，到後來因為上不了樓梯，只好改搬到一樓的客廳，睡在沙發上。她隱瞞這件事情很久，不想讓別人知道自己越來越需要照顧，但旁人看在眼裡，早就注意到她的失能程度越來越高，只是霞姨堅決否認，推說只是最近身體狀況比較差。

直到居服員發現她怎麼腰頸變得這麼容易痠痛，又總是穿那幾套衣服，才曉得霞姨的手根本舉不起來，無法曬衣服，也沒辦法上樓去臥室拿別的衣服穿，只好一件衣服穿上一、兩個禮拜，已經嚴重發臭。

我跟居服員索性合力把床墊與衣櫃從二樓搬下來，替她清出一點空間，讓她在一樓也有地方睡覺。

不過，這也只是權宜之計。

或許是因為我們親力親為，跟居服單位大張旗鼓地替她重新「裝潢」，有一天，在我獨自到訪時，她將我拉到一旁。

「小弟弟，很謝謝你，你能不能再幫我一個忙，幫我去找找剪刀？」

「霞姨，妳要做什麼？」

霞姨悶不吭聲，但我也沒輕易放下，事後打了電話給居服單位確認，他們說霞姨狀況越來越差，怕刀子、剪刀那些沒拿好會傷到她自己，便把東西都收到她上不去的二樓。

接連幾次造訪，霞姨都會問我相似的問題，除了剪刀外，小刀、水果刀甚至菜刀她都會請我去幫忙找，但我一律拒絕。

因為不知道那些東西被居服員收到哪裡，加上都是一些銳利物品，我便起了疑心，直接了當地問霞姨，這些都是危險物品，她到底要用來做什麼？

她似乎有點不好意思，開口道：「我年紀大了、沒有用，想說乾脆去死好了，但我根本沒有力氣……想爬上樓，讓自己從樓梯上滾下來死一死，但我竟然連樓梯都爬不上去……我好沒用啊，連想去死都沒有辦法……我就更想死了。」

我一聽，隨即問霞姨最近有沒有跟子女聯絡。

「有是有……但我不敢跟他們講這種事情。」

「妳現在打電話過去，我來跟他們講。」

霞姨拗不過我，便撥了電話出去。我簡單說明情況，也已經是阿嬤年紀的女兒問我該怎麼辦。

我向她補充說明，霞姨可能需要看老人精神科，最近我就會帶她去醫院一趟，畢竟她疑似已經有憂鬱的傾向，但我更覺得應該去住老人安養院，她需要看見更多充滿活力的老人。

「老人安養院？」霞姨的女兒疑惑道。

「妳先別擔心，細節等妳回台灣我再跟妳談。」

一個禮拜後，霞姨的女兒從美西回台灣，我便陪她一塊送霞姨進去安養院。

霞姨進安養院幾天後，我再度去探望，她女兒選了一間雙人房，還跟機構協調，說願意付費住幾天陪陪母親。

她女兒其實也年滿六十五歲，符合安養院的居住資格，不過對於要不要搬回台灣跟霞姨一起住安養院，她還在考慮。

她說現在霞姨住機構，有人照顧讓她很安心，就連霞姨的情緒也大有改善。

「真丟臉，這裡好多老人都好有元氣，他們都說我好傻。」

道別前，霞姨拉我到一旁，再度悄聲地對我說。

۞　۞　۞

不管是身心障礙者或者老人，很多人都對「住機構」有許多負面印象，不外乎是因為過去的標籤，讓人認為去機構就是等死，或者機構會虐待住民。事實上，以前確實有很多政府未立案許可的機構，沒有定期考核評鑑，品質當然參差不齊，但如今在政府嚴查與定期評鑑下，未立案機構逐漸滅絕，只要是立案機構基本上都會有一定水準。

許多人也會誤以為機構都是收容窮途末路或沒人關心的老人，但以老人機構而言，其實可以區分成「安養」或是「養護」。安養收的是行動自如的老人，養護則收需要被照料的。大型的老人機構會同時擁有這兩個部門，住民可以先住安養，隨著身體日益退化，再轉養護銜接照顧。

安養可以想成是老人的寄宿學校，機構除了包吃包住外，還會辦理豐富的課程，讓老人能夠持續活動，避免退化，更可以在安養的過程認識新朋友，相互支持。政府公辦的自費安養中心一個月將近兩萬元，有福利身分可以大幅減免自付額，而坊間當然也有更高級的老人安養中心，而且排隊等候的人很多，不過這些資源民眾大多不知情，多數對機構仍有負面印象。

根據二〇一一年台灣所做的統計，年滿六十五歲以上的老人約莫有百分之三十六會陷入失能，換句話說，我們每個人在年老時都有百分之三十六的可能性成為身心障礙者，所以「身心障礙」其實離我們並不遠。

身心障礙者當然也有對應的機構，如收容智能障礙、自閉症族群的教養院，或者收容肢體障礙類的照顧中心，更有專責收容精神障礙族群的康復之家，其中除了康復之家遍地開花以外，由於教養院與身障照顧中心目前仍不普及，加上僧多粥少，導致有需求的身心障礙者總是必須排隊等候好幾年，使得很多家庭功能失調、無法妥善照顧身心障礙者的家庭在需要時卻無法銜接。

社工會鼓勵身心障礙家庭提前去參觀機構、提早候位，但或許是抗拒讓親人交由外人照料，也或許自認負擔不了高額照顧費用，所以很多家庭都會拒絕。

我們便像個業務員般，看準機會強力推薦服務，霞姨的故事就是這樣。人們都害怕離開舒適圈，即便那個「舒適圈」再怎麼「不舒適」也一樣。

專欄

社工的共同工作

隨著服務對象的不同，社會工作會劃分成眾多服務領域，但我相信不管哪一種領域的社工，核心的服務價值大致相同。

社工的服務會從兩種角度切入，其一是處理問題，其二則是處理情緒，情緒跟問題是兩個看似南轅北轍卻又息息相關的方向。

當一個人或者家庭遇見挫折或重大事件，導致生活失序、不得不讓社工介入處理時，勢必會陷入情緒低潮。有些問題透過外力介入就能夠改善，也就是提供資源把坑填滿即可，但有更多狀況，是即便再多資源都難以短期見效，好比人與人之間的關係，包括喪失重大親屬的悲痛、因為長期疏忽所造成的缺憾、累積許久的負面溝通方式等，這種時候，反而需要優先處理情緒。

我起初覺得「連結資源」只是社工的最低標準，但事實上，隨著服務年資越來越久，我逐漸發現連結資源也是一門藝術。

每個人的背景不同，有些人並不喜歡顯現脆弱的那一面，例如我曾遇過服務對象因為過去的負面經驗，抵死不申請補助。他曾經去區公所遞件申請，但公所人員卻頂著晚娘臉孔拿出一張A4紙，要他先去各個政府機關申請備審資料，等到四處奔走再返回公所後，對方又拿出一疊文件要他填寫，填好交付後，卻又整疊推回他面前。

「有錯，你要補正。」公所人員趾高氣昂地說。

就算詢問哪裡有錯，對方也只是叫他自己檢查。他想著想著就覺得不高興，好像在乞討一樣。

有些人則是沒有「意識到」自己正陷入危機，因為照顧壓力而瀕臨崩潰。他明明知道自己需要長照資源，卻堅持不申請，再三強調不信任外人，認為還是自己照顧最好。即便受照顧者的氣色每況愈下，照顧者本身也一步一步走向崩壞——他或許知道，只是不願意承認，抑或根本沒意識到自己一天不如一天。

另外少數人則是習慣性地濫用資源，喜歡四處申請補助，認為少申請到什麼就吃虧了，根本不管資源應該要分配給「所有」需要的人，如果申請未能通過還會破口大罵，這也導致社工得在連結資源前評估再三，確保不會浪費，能分配到每一個需要的人手上。於是很多人會埋怨跟社工表達需求緩不濟急，總是好幾天後才有回音，但我們畢竟是資源的守門人，勢必不能輕率處理。

然而更多的情況是，根本沒有資源。如果你仔細審視，會發現每一個地方政府提供的社會福利不盡相同，縣市政府財政各自獨立，大城市確實擁有更多資源，小城市則財源緊縮，有些資源還會有額度限制，甚至根本尚未建置。社工或者家屬在尋找資源未果下，往往選擇自己建立資源，這也是眾多家長團體成立身心障礙者相關協會的原因之一——沒有資源，那就自己去生出來。

我服務越久就越常主動出擊，向地方現有的單位「推銷」身心障礙服務。你有志工但只提供社區老人關懷，可不可以也來關心我們身心障礙者呢？

雖然很多人戲稱社工只會「連結資源」，但光是這樣列舉，就會知道這並不是一件容易的事。

再者，來談談處理「情緒」。

任何人面對重大挫折，都可能頓時慌了手腳，對未來感到絕望，無論連結再多資源他都意興闌珊，甚至考慮結束生命。這個時候，我們便會將焦點放在處理情緒上。

這也是社工在服務初期會花特別多心力跟服務對象建立關係的原因。每個社工都有一套自己的法寶，可以吸引服務對象開口訴說困難，讓我們進入他的世界，進而讓他正視問題、處理問題。

這幾年，「薩提爾（Virginia Satir）的冰山理論」形成一股風潮，各種領域的網路紅人都開始引介不同薩提爾技法的工作模式，包括業務員、職場專家、教師或心理師等。不過薩提爾本身其實是一名資深的社工，她專注在發掘個人或家庭冰山底層下的真我，理解「情緒背後的情緒」，並以此開創了特有的家族治療方法。她透過會談技巧協助服務對象察覺自我，明瞭人際之間的互動模式，進而解開錯綜複雜的關係鏈。

雖然每個社工不見得都能如此高竿地運用這一套會談方法，但我們確實是透過跟服務對象一次又一次的會談，去理解、同理，讓他們感受到「我們與他們同在」，陪伴他們一同處理問題，面對生活的困境。

每一個面臨困難與挫折的人，都不可避免地會感到孤單與絕望，社工的陪伴，正是為了讓他們不再孤單，提升能量去面對接下來的挑戰。

我相信不管哪一個領域的社工都是這樣與服務對象建立關係，讓他們願意信任社工，處理問題與處理情緒不一定有先後順序，但終極目標就是讓服務對象能夠回歸到正常生活。所謂的正常，並非一定是普遍價值觀下的正常，而是服務對象認知的理想生活，或許微不足道，但只要讓他們覺得有希望繼續活下去，就能活出有價值與尊嚴的人生。

對我們社工而言，最一開始能夠做也很努力在做的，就是陪伴著服務對象而已。我們想要陪著他們克服當下面臨到的挫折，只是很多時候也會感到無力、對於幫不上忙內疚不已，即便如此，我們仍會在一旁靜靜地陪他繼續往下走。

有些問題只是現在沒辦法解決，或者暫時沒有能力解決，不過我相信，遲早有一天，曙光會出現的。

第 2 章

他們所遭遇的歧視與不平

身心障礙者過去被稱為殘障，但隨著時代演進，各種去汙名化的聲浪也湧了上來。殘障一詞有個「殘」字，雖然可以用殘缺來理解，但畢竟是負向詞彙，因此最終改成中性詞彙「障礙者」。

現今專項規範身心障礙者相關權利的法律也從最初的「殘障福利法」，修改成具有高度保護色彩的「身心障礙者保護法」，但保護兩個字不免有種上對下的味道，最近一次的修法又改為「身心障礙者權益促進保障法」，簡稱「身權法」或「身保法」。

只可惜政府雖然帶頭修訂法律，制定促進身心障礙者權利的法規，但在民眾的心中卻起不了太大的變化，身心障礙者依舊是殘障，民眾仍舊會把象徵缺損不完整的「殘」字掛在嘴邊，只因為他們並不熟悉、也不認識身心障礙者。

雖然以障礙來論，殘障這個詞彙並沒有對錯，身心障礙者確實在生理或心理上有部分缺損，但不代表他們沒有能力與常人一樣參與社會。

他們有能力跟你我一樣完成大學學業、進入職場、結婚生子，而多數的障礙都不會遺傳，不過，民眾還是大多認為他們和自己相左，甚至低人一等。

事實上，僅有少數弱勢身心障礙者會在參與社會遭到極大的障礙，但我相信我們如果願意撕下強加在他們身上的標籤，從重新認識他們開始，一切或許會逐漸改善。

你要去遠方會選擇開車、騎機車或搭乘大眾運輸工具；如果近視會配戴眼鏡；想看更遠會拿起望遠鏡，這些都是我們的「生活輔助器具」。身心障礙者也是一樣，肢體障礙者拿拐杖、坐輪椅，聽障者配戴助聽器，更多身心障礙者的輔助器具其實是你、是我，我們都可以成為他們進入社會、融合社會的「輔具」，只要你願意從理解開始。

青春期的挑戰

青春期對每一個人來說都是難熬的，我們情竇初開，男生因此變得好鬥、女生則更關注打扮，所作所為無非希望心上人能多看自己一眼。

身心障礙者也是一樣，其中智能障礙者更是如此。他們的智能往往停留在國小以前，雖然身體隨著年紀增長而逐漸成熟，內心卻永遠如同青少年。

青春期也是男孩、女孩成群結黨的時期，我們害怕被甩在後頭，透過與他人結夥來避免落單。現在回想起來，或許我們根本不喜歡小圈圈中的每一個人，費盡千辛萬苦，只為換得所謂的「好兄弟」與「姊妹淘」，然而，身心障礙者卻往往因此付出慘痛的代價。

阿漢是自閉症青少年，他的成長過程與其他嬰幼兒並無二致，但爸媽總覺得他難以溝通，且對於軌道特別沉迷。

當他第一次搭捷運，便緊緊地貼在窗邊，想要聽清楚「喀啦、喀啦」的聲音是從哪裡傳來的。

「是鐵軌喔！」媽媽告訴他。

他沒有回應，只是默默地望著。

當車門開啟，乘客魚貫進出，他的佇足卻阻擋了半個車門。

「抱歉，不要擋路好嗎？」一名乘客不耐煩地說。

但阿漢卻怎麼也拉不動。

抵達終點站後，媽媽拉著他準備出站，他卻又站在黃線邊一動也不動，痴痴地望著軌道。

「喜歡。」阿漢說。

媽媽以前就知道有很多人喜歡軌道，像是火車、捷運等，於是回家後告訴爸爸——當時爸爸還沒有外遇，便說下次出遠門旅行改搭火車好了。

那年阿漢六歲，就此與軌道埋下不解之緣。

爸媽只覺得阿漢一直不太喜歡說話，但對任何事情都有一套自己的邏輯。他上學前總喜歡先穿襪子，如果媽媽先替他套上衣服，阿漢會把衣服甩開，丟到一旁，他們只當做是阿漢的習慣，並沒有想太多。不過這個孩子並不好溝通，他對於喜歡的事物異常執著，例如從六歲開始，他就要求父母買更多火車玩具給他，如果不從，他會在玩具店裡一動也不動。

他不會哭、不會鬧，但就是動也不動。

爸媽總覺得又好氣又好笑，但看看其他在玩具店裡哭鬧的孩子，他們也認為自己的孩子至少不會出什麼亂子。

阿漢話不多，不像一般的孩子在幼兒時期喜歡問東問西，反而是媽媽需要透過頻繁問問題來了解阿漢的需要。

媽媽認為這是她理解孩子的方式，但對阿漢來說，這也成了他去了解別人的方式。

阿漢在國小時期的人際關係並不理想，他對同學的嬉笑聲感到厭煩，老喜歡摀著耳朵，老師誤以為他不想聽講，還曾經把他叫到講台前責備。

阿漢於是當著全班的面，指著特定同學道：「不喜歡〇〇的聲音，不舒服！」

他總是直白坦率地指出別人讓他不喜歡的地方，這種方式使他在班上變得不受歡迎，其他人都覺得他很「白目」。

每個人或多或少都會因為各種理由不喜歡別人，但我們大多會容忍，或者頂多在自己的小圈圈說對方壞話，阿漢卻不同，他只要忍受不了就會挑明地講。

「○○○，鞋子好醜。」

「○○○，玩具，不厲害。」

整個國小時期，阿漢幾乎沒有朋友，他並沒有遭到排擠，只是被疏離。

升上國中以後，情況變得一發不可收拾。

阿漢當然也有喜歡的女同學，但他不知道該怎麼跟對方相處，只好一下課就找機會和她聊天。不懂該怎麼聊天的阿漢，想起媽媽總是不厭其煩地問他在學校的事情，所以也如法炮製。

「妳知道太魯閣號是 TEMU1000 型嗎？」

「太魯閣號第一次發生事故是在桃園埔心。」

「是被砂石車撞的。」

「台灣第一條捷運是木柵線，妳知道嗎？」

「妳有沒有去過九份？」

「妳猜普悠瑪號的命名跟哪一族有關，阿美族還是泰雅族？」

他就像這樣纏著喜歡的女孩，所有人都覺得他有夠奇怪。女同學當下就大聲要他閉嘴，引來其他同學圍觀。

「你們來聽看看，阿漢問這什麼白痴問題？」

「你是電車痴漢喔？怎麼都問火車的問題，誰會知道啦！」

隨著聚集圍觀的同學越來越多，阿漢也只好摀著耳朵跑出教室。

同一年，媽媽發現爸爸外遇，協議離婚的兩個人自然討論起阿漢後續的照顧問題。他們從國小導師的反饋發現阿漢言行帶來的人際問題，但他們選擇擱置、甚至逃避，直到越發嚴重後才不得不正視。阿漢沒有朋友，特別沉迷軌道，容易對特定的聲音敏感，還有許多儀式性行為。除了穿衣服的順序是從襪子開始外，他在學校也特別喜歡去上二樓男廁左邊第二間廁所，如果那間廁所有人使用，他會焦急地在門外踱步、拍打廁所門，甚至差點跟裡面的人動手互毆。

導師曾試圖調停，詢問阿漢怎麼不去其他廁所呢？

「其他，大不出來。」

阿漢或許患有自閉症，不過夫妻倆誰也不肯承認。

爸爸尤其抗拒，他不願意接受自己的孩子可能「有病」，即便媽媽自從那次廁所衝突後，便考慮帶阿漢去兒童精神科就診，但爸爸死也不肯。

「我同意跟你離婚，孩子跟我，你隨時都可以見他，但你要答應讓我帶他去精神科鑑定。」

「不可能！孩子我一定要，他是跟我姓。」爸爸拒絕，協調便失敗了。

阿漢起初跟爸爸住，但他完全拿阿漢沒輒。畢竟他以前從未參與照顧阿漢的「流程」，他對兒子的種種儀式感到很頭痛，過不了半年就讓步了。

於是阿漢開始跟媽媽住。

同一時期，他三天兩頭就在學校惹事，因為他在國中也會有儀式性行為，喜歡用特定的廁所，上下樓梯的某些台階完全不碰，所以曾經在跳下台階時撞傷同學，也很常和同學因為各種「聲音」產生糾紛——同學都知道他的固著行為，開始刻意挑戰他，像是故意在他耳邊大叫，讓他嚇得渾身發抖。

他們知道阿漢會對喜歡的女生頻繁發問，於是也故意問阿漢各種問題：「你是不是智障？」、「火車一共有幾個輪子？」、「你爸爸是不是不要你？」阿漢對這些問題很反感，但當他試圖摀耳朵，同學卻會把他的手拉開。

最大的引爆點是他們發現阿漢喜歡特定的廁所，當他想去廁所時，一大夥人便把他團團圍住，還有人率先衝進阿漢喜歡的隔間反鎖，他最後只好直接拉在褲子上。

他們會嫌惡地笑他，說他臭。

當天媽媽不得不到學校替已經讀國中的孩子帶換洗內褲，她問阿漢怎麼會這樣，他也沒有回答。媽媽只覺得孩子內急卻沒來得及憋住，一直到阿漢一個禮拜大在褲子三次，她才覺得有異樣。

但當導師質問其他同學，他們也假裝沒這回事，宣稱只是剛好用到阿漢喜歡的廁所罷了，難道那間廁所要規定讓阿漢專用嗎？

後來導師只好特地通融，讓阿漢可以在上課時間去廁所，但這麼做反而讓同學更加反感，他們變本加厲，對阿漢的霸凌從班上逐漸延伸到了全校，男同學只要經過就會朝他大吼，女同學見到他也會將頭別過去，露出嫌惡的表情。

「你看，大便在褲子上的阿漢！」有些同學甚至當眾指著他喊叫。

阿漢再也不願意去上學了。

不過國中學業終究是要完成的，雖然導師也表示沒辦法「控制」其他同學要怎麼接納阿漢。

媽媽說，當時導師的表情讓她徹底明白，孩子在學校是沒辦法受到庇護的。在輔導室的建議下，她瞞著爸爸帶阿漢去精神科鑑定，確認是輕度自閉症，於是以自閉症的資格向教育部申請在家自學。

阿漢的智力沒問題，也順利完成升學考試、考上公立高中。媽媽慶幸道，至少公立學校的孩子……應該沒這麼壞吧？

這段期間她假日都會帶阿漢去專門輔導特殊生的農場，農場裡有很多心理或特教背景的專業人員，在密集輔導下，阿漢開始恢復了笑容。不過專業人員也都知道，被霸凌的經驗會陪著阿漢一輩子，只能鼓勵阿漢跟媽媽每個禮拜都去進行一趟捷運一日遊。媽媽陪阿漢坐遍大台北的捷運，每到長假還會安排搭火車四處遊覽。

在軌道跟農場的溫暖陪伴下，阿漢也總算鼓起勇氣就讀高中。

升上高中後，同學雖然不能完全包容阿漢的固著行為，但大家都不想鬧事，頂多疏遠他。但當阿漢又開始對女同學充滿好奇、纏著女生問問題時，還是會引起同學圍觀跟嫌惡的表情。

這個時候我們開始介入，除了媒合心理諮商讓阿漢使用外，也希望透過活動參與，讓他學習與他人建立關係的技巧。阿漢在以智能障礙者為主的活動中意外地鶴立雞群，會在活動中幫助其他功能較差的「同學」。

難得被寄予厚望的阿漢說，他從沒想過能夠被其他身心障礙同學「相信」。

「以前的同學都只是笑我而已。」

跟阿漢一起參與活動的，當然也有功能甚差的心智障礙者，我好奇地問阿漢是怎麼看待那些功能比他差的同學。

「他們需要幫忙，我會幫忙。」

不過，我在跟阿漢邀約下次的訪視談話時，他卻提了個意外的建議。

「我下課的時候你可不可以在校門口等我，我們……或許可以沿著學校四周聊天散步？」

「為什麼？」我納悶地問。

「我想讓同學看到……我有朋友。」

後來那段日子，阿漢還是陸續惹出一些事。他曾經在捷運車廂內舔椅子，只因為有個漂亮的女同學坐過，結果差點被扭送警局。

他也曾經半夜偷溜出門，因為隔天有個盛大的火車迷聚會，但媽媽不同意他獨自遠行。由於零用錢不夠又已經沒有公車和捷運，他只好一個人走了十幾公里的路到台北車站，等到首班車啟程後便買票上車。

阿漢的國中生涯在不斷被霸凌中度過，高中則在同學的冷眼旁觀中熬過，不過他已經漸漸能夠較自在地看待過去，只要在假日時親眼見到火車或捷運，他就能夠感到平靜。

高中畢業後，他考上某大學的軌道運輸系，開學幾個月後，他告訴我很多同學都是跟他一樣的鐵道迷，有個老師更是鐵道狂粉。

現在，他交到了很多好朋友、好同學。

但我想那些青春歲月，或許還是會在午夜夢迴時出現。

在成長過程中，我們一直被教導尊重與包容，然而我們都曾經年輕不懂事，也都曾經是狂暴的青少年。身心障礙者的成長歷程中，必定都經歷過同學的「異樣眼光」，我不會說那是歧視，對孩子而言，那是不理解而好奇。

當同學是身體有殘缺的肢體障礙者，你能夠很快明白為什麼他得拄著拐杖或坐著輪椅上學，但如果他是外表看不出來的心智障礙者呢？

人們對自閉症往往有很多偏見，或許認為不會說話或不喜歡說話的人就是自閉症。但曾經有人這麼描述自閉症患者：「他們只是來自於異星球，所以溝通的方式跟我們不一樣。」

自閉症患者之所以會產生種種行為，例如做出誇張的動作，又或者發出各種高亢的聲音，並非「想要刻意引起別人注意」，只是因為生理特質才不得不如此。

每一個自閉症患者都是獨特的存在，他們較共通的特徵是比較無法像一般人「換位思考」，思路偏直線，也相對欠缺社會化的能力，對於抽象概念往往摸不著頭緒。

我們事事顧慮別人的感受，主要來自於擔心、害怕不被理解，所以也會避免做出社會期許我們不要去做的事。對自閉症患者而言，雖然也會擔心這些，但因為無法設想別人的感受，所以還是會出現特殊的舉動。

阿漢從媽媽身上學到用「發問」來關心別人，加上醉心於軌道，於是才用自己最擅長的話題跟女生攀談。以他的邏輯來看，這是天衣無縫的溝通技巧，只是一般人在發現策略失敗以後就會改變話題，但他們的迴路卻相對封閉，最後困在迴圈裡，陷入人際關係的泥淖。

如果社會能夠接受他的歧異，包容並給予空間，讓他可以在特定時刻當外星人，但也讓他知道跟我們在一起時必須「暫時」當地球人，那麼，誰說地球人不能跟外星人共存呢？

永遠讀不完的高中

小揚是輕度智能障礙者，因為遭遇到嚴重的性霸凌，所以無法完成高中學業。

小揚的學業從國小四、五年級起就跟不上同學，開始得去資源班上課。這代表他跟原班級的同學會一起上部分課程，而少數課堂因為難度太高，便會讓他轉去資源班。同學雖然知道小揚會暫時離開去「別班」上課，但不明白什麼是資源班，儘管偶爾不能一起玩，大致上還是能夠跟他維持關係。

等到小揚上國中後，同學持續發展智力，永遠原地踏步的他便被甩在後頭。小揚也想跟其他人當好朋友、好同學，所以即便搭不上話，仍會努力湊到他們身邊。

當時同學們已經開始熱衷偶像明星、運動健身與手遊，但小揚仍然只喜歡看幼幼台的動畫，同學不喜歡這樣的他，也知道他是需要去資源班的「白痴」，便開始動起歪腦筋。

「要跟我們當朋友？可以呀，去偷你媽的錢給我們。」

小揚同意了。

先是從零錢開始偷，後來逐漸變成百元鈔，最後變成千元大鈔。

這些同學食髓知味，開始慫恿他去偷店家，但他不敢。他雖然不聰明，但也知道去商店偷東西，要是被抓到事情可就大條了。

「你真是沒種……這樣還想跟我們當朋友？」

小揚被煽動了，交朋友的欲求遠遠勝過被店家逮個正著的擔憂。無奈最後人贓俱獲，商家找上學校，老師隨即明白小揚不是這項偷竊計畫的主謀。

「你老實跟老師說，是誰叫你這麼做的？」

小揚供出了他的「朋友」，因為他實在太害怕了。

幾個惡霸被學校記過，但他們並沒有輕易放過小揚。在風頭過後幾個禮拜，他們假裝跟小揚和好如初，卻在下課後把他拖進無人的廁所，強迫他脫褲子，開始攻擊他的下體。

「出賣兄弟，真有你的，我看你根本就不是男人！這個雞雞根本沒用！」

後來小揚轉學了。

他陸續在不同的學校遭遇類似的事件，而他最後一次被霸凌時，學校並沒有記加害者的過，導師反而請媽媽到校，指出小揚不斷被欺負、被利用，惹出了一些風波……因此建議小揚再轉學。

「或許他應該換個環境試試看。」

無論小揚被欺負多少次，無論壞孩子是不是受到校規的懲罰，對學校來說，小揚離開才能夠真正終止這些事件再度發生，校方也不用再費心處理。

驅逐受害者遠遠比懲罰施暴者輕鬆，解決提出問題的人也比解決問題簡單。

小揚今年已經二十歲了，他仍然在一間新的高中處處受阻，因為年紀明顯比同學大而受到排斥。

媽媽希望他去工作，但他悄聲告訴我們：

「我好想把高中讀完。」

❁ ❁ ❁

小揚詳細的故事其實複雜許多，但我只簡單寫到他對高中的想望。

輕度心智障礙者——尤其是自閉與智能障礙者在青春期遭遇的困難會更顯著，主要因為中重度的心智障礙者往往照顧需求較高，通常會直接分配到「特教班」或「特殊教育學校」，進入全身心障礙者的環境。但輕度心智障礙者仍然會跟一般學生接觸，雖然總有同學願意包容，卻也會被不良學生欺侮，他們會操控團體，使得其他同學不敢出聲介入。

心智障礙者對於欲求的表現更為明顯，他們不懂「撒謊」跟「隱藏內心」，會輕易表現出「我喜歡你」、「我想交朋友」的欲求，也就更容易被利用。還有少數障礙者會被犯罪集團操控，我們就曾接觸到輕度智能障礙者因為被指使犯罪，充當車手或充數的暴力分子而反覆進出監獄。

在障礙的光譜上，輕度智能障礙與自閉症族群因為相對較靠近一般人，所以更有機會走入社會，但也同樣容易被社會上的不肖分子欺凌。

既然如此，那乾脆把輕度障礙者也一併送到特教班或特教學校就好了啊！這樣不是一勞永逸？

但所謂的「隔離」不能一體適用，無論政府或家庭，都沒有資源將「所有」身心障礙者永遠與社會隔離，正因為他們有機會與能力跟一般人一起生活，在教育的規劃上才會讓他們共處。

障礙者跟常人磨合需要時間，也容易因為細故產生摩擦。青少年階段的群體生活，確實是他們人生初次面對的挑戰，只可惜教育工作者——通常是導師——不一定願意花時間理解障礙者的問題，而容易將他們貼上標籤。

對導師而言，這些障礙者或許不是問題學生，卻會是製造問題、吸引問題學生的人。疲於處理障礙青少年種種在校問題的家長，往往感到壓力甚大，甚至有許多父母因此產生了高照顧負荷的情形。

這有得解嗎？我不知道，我也沒有答案。

社工唯一能夠做的，就是同理服務對象並支持家屬，盡可能讓霸凌的陰影減低。只是我們也未必能夠跟障礙者建立良好的同儕關係，儘管我能夠假裝是「阿漢的朋友」，但在他心中，這只是假裝，我永遠都比不上「真正的朋友」。

她們也會想要談戀愛

小霈因為屢屢跟一名中年男子進入公廁而引人側目，事後得知她以至多一百元與該名已婚男子性交，有時候甚至沒有對價交換。最後男方遭檢方以乘機性交罪起訴，不過下了法庭以後，小霈卻只問社工：「原來他已經結婚了喔？」

她以為遇見了愛情，這才是讓她失望的地方。

❊　❊　❊

丘丘跟網路上認識的男網友相談甚歡，經常徹夜聊天，雖然她有時候覺得很怪，因為男方總是要她傳「沒穿衣服的照片」，說是喜歡她所以才想要看。她也確實傳了幾張過去，而男方當然傳了自己的下體照回報。

這還不打緊，等到我們進一步深談，才曉得丘丘前一天跟男方約出來見面。對方帶丘丘進去公廁，說要跟她做談戀愛的人會做的事情，要求她把褲子脫下來。

丘丘感到害怕，她媽媽說過不可以把尿尿的地方給男生看。

「那我們可以試試用大便的地方。」

完事之後，丘丘感到極端不舒服，我們得知後也通報了家防中心。

丘丘的媽媽得知這些消息後非常懊惱，氣自己竟然沒注意到女兒的異樣，還是透過社工才會知道。

☼　☼　☼

阿如跟父親林桑相依為命，但林桑總拿這個女兒沒有辦法，她老是抱著手機，沒日沒夜地跟網友聊天。

有一天阿如突然消失，林桑遍尋不著，急得像是熱鍋上的螞蟻。

幾個月後，她回來了。卻不說去了哪裡、發生了什麼事，又過幾個月，她的肚子漸漸大了起來，才坦承之前是去見網友。

這個孩子是誰的？

不知道。阿如說他們那一夥人好多都跟她上過床。

阿如產下孩子後，嬰兒出養了。

林桑告訴我們，他現在仍然提心吊膽，怕女兒會像之前那樣一聲不響地離開，然後又大著肚子回來。但是他也沒辦法限制阿如，他曾試著沒收她的手機，但她大發雷霆地將家裡搗亂，揚言離家出走、再也不回家。

幾天後，快遞送來一支新手機，還附帶上網功能，原來是阿如在外面認識的豬朋狗友辦給她的。

各方單位介入林家，想要教導阿如自我保護，但她搖搖頭——保護什麼？她難道不能交朋友嗎？

後來，只要不是她眼中的朋友去找她、跟她講話，她便關起房門裝睡。

林桑的頭髮已經花白，他說這個女兒他真的管不了了，如果哪天阿如頭也不回地離開……那就離開吧！他還是得工作養活自己，他真的不知道該怎麼辦了。

「當阿公這種事情，我想也不敢想……他們那群朋友還不都是好康道相報，想要白玩我的女兒……懷孕以後哪個不是跑得跟飛的一樣？誰又可能真的負責呢？」

「老師，我現在有在開直播賺錢喔！」小雯興奮地跟社工說。

女社工擔心地問她是哪一種直播。

「朋友介紹的，只要用指定軟體，唱歌不用露臉，每個月都會有幾千元零用錢！」

小雯一家都是身心障礙者，她是輕度智能障礙、媽媽是精神障礙，爸爸和姊姊則是肢體障礙。爸爸對家裡另外三名女性成員雖不至於施暴，但語言暴力的程度可不輸動手打人。

小雯高中畢業後求職碰壁，雖然也曾經去職業重建中心與民間身障單位職前訓練一段時間，但仍然無法順利就業。我們特別擔心她會陷入求職陷阱，所以時時關注她的最新動態。

聽見關鍵字「直播」後，女社工立即提高警覺，擔心小雯涉入色情直播，經確認後，確實是單純的歌唱直播軟體，但仍不忘提醒她要自我保護。

「知道啦，老師妳好煩！」

我們也與小雯確認直播觀眾會不會提出不合理的要求，例如要她開鏡頭，或「抖內」誘惑她寬衣解帶賺取外快。

「我才不會理這種變態！」

小雯坦承遇過這種觀眾，但她痛罵對方色胚，直接封鎖他。

「小雯做直播真的好嗎？」女社工擔心地問我，她認為我們應該強硬要求小雯停止工作。

不過，我認為我們無法「控制」任何人去做或者不去做什麼，單方面要小雯別做這份工作，我們當然可以說，但她不會聽。與其一味否認，不如讓她知道我們關心她、擔心她的權益受損，並且保持聯絡，時時注意她的狀況。

「小雯上了我們這麼多課，應該也有點收穫了，不至於沒學到怎麼自我保護吧。」我下了結論。

回想起三年前認識小雯，當時她剛高中畢業，生活沒有重心，開始沉迷網路、認識網友——那是多麼複雜的人際圈。我們堅持把她拉在身邊，半強迫地要她來上課，後來也進一步推她去職訓。

可惜她因為個性較為急躁，時常讓就業輔導老師生氣，最後仍然沒辦法順利就業，但至少也上了三年的性別跟自我保護課程。

社工說沒想到過了三年，生活再度失去目標的小雯終究又回到網路，認識許多「新朋友」，也在網路上找到「新工作」，我們過往擔憂的事情果然還是發生了。

「不過看起來這三年並沒有白費。」我說道。

小雯知道如何自我保護，對於自己不想做的事情會堅決說不，遇見懷有惡意與色心的壞人，也知道要封鎖，避免再跟對方接觸。

她現在每個月領幾千元零用錢，又可以做自己愛做的事情——唱歌。我們應該相信她有能力自我保護，而她也確實能夠做到。

❁　❁　❁

「老師，文文傳了很奇怪的訊息給我。」

身心障礙班上的同學往往會在下課後互相加 LINE、彼此聯繫，她們跟求學時代的同學鮮少往來，幸虧還能在我們的課程上建立新的同儕圈。

文文曾經是我們班上的學生，她是智能障礙者，有著一頭飄逸的長髮，面容姣好。

不過她幾個月前突然不再來上課，打電話關心，她媽媽也只無奈地說女兒交男朋友了，現在搬去跟男友一家同住。

「文文的男朋友……是以前的同學嗎？」

「不是……上網認識的，幸好她偶爾還是會回家，不過禁止她跟男朋友往來……又能怎麼樣呢？我們也沒辦法一天二十四小時關著她，講也講不得……她後來不就跑了，現在我只求她偶爾回家一趟……」文文媽說道。

文文還傳了一些奇怪的訊息給班上的女同學。

「我最近喜歡拍沒穿衣服的照片，○○妳也拍給我看好不好？」

「○○妳有沒有試過把手伸進去尿尿的地方？」

「○○有沒有看過男生的雞雞？」

「我們是好朋友對不對？妳要不要來我家玩好玩的大人遊戲？」

智能障礙女孩看見這樣的訊息，通常會拿給家人看，有些則是拿給社工看。

文文怎麼會傳這種訊息過來？這也是我們試圖找到她的原因，而從文文媽口中得知現況後，我們猜測是文文的男朋友用她的手機傳訊息給這些女孩。

我們用 LINE 回撥電話，對方雖然接起來，但並不作聲，似乎在試探來電者是誰，隨後便掛斷電話。我們只好直接回傳訊息：「請問妳是文文嗎？還是她的男朋友？」

毫無回音。

直到十幾分鐘後，文文的手機才傳來訊息。

「她」解釋道：「是我妹啦，她會用我的電話，她傳了很多亂七八糟的訊息給○○，社工老師不要生氣。」

但文文搬離家裡很久了，她的妹妹同樣也是智能障礙者，此時此刻正在小型作業所工作，又怎麼遠赴千里去文文身邊傳訊息呢？

其他家長希望我們協助封鎖文文的 LINE，女學員卻哀鴻遍野，她們都知道封鎖的意思，那意味著要跟文文斷絕朋友關係，但她們是真心把文文當成朋友。

我們一一跟家長核對，有些家長決定不管孩子的意願強行封鎖，而部分家長則判斷孩子應該有危機意識，交由孩子決定。

主管得知以後，認為問題出在文文身上，擒賊先擒王，我們應試圖跟文文溝通，或與她的家長溝通，強迫文文跟男朋友分手。但如果第三人的一個命令就能讓文文服從，她就不會逃家去跟男友住了。

想也知道，文文的男朋友是利用她來接近其他同樣是身心障礙者的女孩，但對文文來說，男朋友所做的一切卻都是出自於愛她。

要徹底遏止，除非是把文文禁錮在家，限制她的自由，禁絕她跟男朋友的一切聯繫，但這麼做也違反了人權吧？

雖然以世俗的眼光來看，男朋友確實乘機利用文文的智能缺陷跟她交往，但文文看來並沒有因此感到不快樂，只要對方還沒有犯法的確證（至少我們目前擋了下來），法律又能夠奈他何呢？

其中幾名女學員與文文私交甚篤，堅決不封鎖文文，文文後來也確實來電致歉。當然，她還是以妹妹當做藉口，我們也沒有拆穿她。

後來課上，幾名女孩回報道，文文約其中一對智能障礙姊妹出遊，她們擔憂地不曉得該不該同意。我們查看手機後，發現文文的提議是：「妳們要不要跟我還有我男朋友出去玩？我們會幫妳們介紹男朋友喔！」

「文文想要幫我們介紹男朋友耶！」女孩們雖然擔憂，但也同樣興奮。

我們急忙勸阻，並與她們約法三章。

雖然她們喜歡文文，想要維繫這一段對障礙者來說得來不易的友誼，但是文文的男朋友有人認識嗎？

她們搖頭。

「妳們還記得上次文文傳給妳們的訊息嗎？」

她們則點了點頭。

「妳們喜歡嗎？」

她們又吐了吐舌頭，說覺得很噁心。

「那如果要跟他一起出去，妳們願意嗎？」

她們再次搖頭。

「妳們要答應社工老師，以後跟文文出去，如果她說要帶男朋友一起去，或者說要幫妳們介紹男朋友，妳們要拒絕，不然就是先拿給社工老師看。」

後來聽說她們真的跟文文出去過，不過她確實一個人赴約，讓我們鬆了一口氣。文文的事情鬧得很大，我們還發了信件給各個有關單位知會此事，尤其是負責文文男友現居處的另一個單位。

事後我們得知，其實各地都有類似的情況，只是我們太雞婆四處知會。不管是一般人或者是智能無礙的身心障礙者，有些男性確實會刻意加入心智障礙者參與較踴躍的活動，私下試圖與女性智能障礙者聯絡，希望進一步建立並發生關係。

以上各個故事的主人翁如果沒有特地寫出障礙類別，幾乎都是智能障礙者。

※ ※ ※

雖然男女平權天經地義，同時也是現在社會的主流意識，但不可否認，女性在某些情形下仍極端不平權，權益也特別容易受到忽視——尤其是智能障礙女性或嫁到台灣的新住民配偶。

身心障礙者也會有七情六慾，也會想要組建家庭，或者更單純地說，他們想要愛人、也想被愛。男性障礙者往往為了追求、接近女性而付出無數代價，他們被旁人取笑、被女方直白地拒絕，甚至不乏羞辱，也有少數因為聽信仲介假結婚，最後白白花了錢卻討不到老婆（這種婚姻詐騙在十幾年前的台灣很常見）。

更甚者，有男性障礙者聽信業務員的嗲聲細語，名下辦了十幾支吃到飽手機，最後因為繳不出高額的電話費而信用破產，還得進行債務清算。

男性付出尊嚴與財富，那女性呢？除了類似遭遇外，她們也因為身為女性而遭到其他男性覬覦，加害者更多是智能無礙的男性。他們憑藉智力上的不對等，花言巧語甚至威脅利誘，誘導女性心智障礙者離家、上床，還希望障礙者呼朋引伴，好讓自己的男性朋友也能分一杯羹。

你可能會覺得，有這麼誇張嗎？

偏偏現實中荒謬的事情往往比令人髮指的犯罪小說還要離奇。

不過我得來進行一下平衡報導，畢竟同樣有心智障礙女性會周遊在男性間，向男性索討餐費或治裝費，也確實有一些火山孝子心甘情願為投懷送抱的女性付出，管她是不是身心障礙者。

這些女性障礙者的親屬每當遇見「兩性議題」，總是特別容易慌了手腳，一般父母對於性教育難以啟齒，身心障礙家庭的父母更多數拒絕面對，害怕打開孩子們的潘朵拉盒子。

所以有許多家長會告訴我們，他們不求障礙者能夠像常人一樣有工作、養活自己，只希望不要被別人騙走——不管是淪為犯罪工具，又或者肉體遭到他人踐踏。

他們最害怕女性障礙者突然懷孕，而連父親是誰都說不清楚。

所以往往會有家長跟我們討論，是不是要先預防性地替孩子結紮。

身心障礙者也有人權，我強調過，他們都有七情六慾，那為什麼沒有權利生下孩子、組織自己的家庭？但同樣的，父母親甚至祖父母的擔憂不是沒有道理，障礙者若生下孩子卻沒有能力照料，責任當然落到家屬身上，如果生下來的孩子恰巧也是身心障礙者，又該怎麼辦？

這個千古難題，到底該何解呢？

被迫自立

我們認識小林那年，他十八歲。

小林的媽媽雖然不是智能障礙者，但疑似因為懷孕時染上毒癮，導致小林出生沒多久就被鑑定為中度智能障礙。

媽媽根本沒把小林當成自己的孩子，事實上，小林從不知道自己的親生父親是誰，他出生後便跟外公、外婆與兩個舅舅同住，雖然十八歲以前還能在外公、外婆的庇蔭下生活，但長輩相繼過世後，兩個舅舅對他也開始失去耐心。

那陣子外公剛過世，舅舅繼承了外公名下的財產，兩人告訴小林，如果他不去找個工作來做，一定會把他掃地出門。

在我們開始介入以後，或許是因為終於有人關心，小林頻頻到訪我們中心。不過除了小林以外，社工還有其他服務對象得經營，只好請他在辦公室外頭找事情做，幫忙摺摺信或掃地。

不過一開口才發現這些事情他完全都不會，我們訝異地問，難道他從來沒做過家事嗎？

「以前外婆都不讓我做，所以舅舅才更不高興。」

我們於是從頭教他握掃把、用畚箕，也是教他摺信時，才發現他手部的細部功能不好。

有時候一時之間找不到事情給他做，只好讓他乾等，或請他下次一定要先「預約」才來。

「小林，真抱歉，但社工也有其他事情要做，如果不是真的有急事，最好還是先約再過來唷！」

後來小林不知道去哪裡學到了一招，他告訴我們自己想要做傻事，希望藉此獲得關注，讓我們一定要跟他談話、陪陪他。

「你知道什麼是做傻事嗎？」

小林支支吾吾，說不太出來。

「就是很笨的事情。」

「像是什麼？」社工耐心地繼續提問。

「跳……跳樓？」

「可是你不是說這是很笨的事情，那你還要做嗎？」

他回答不出來了。

小林頻頻來訪中心恰巧是年底，我們有鑑於不能讓他光是過來什麼也不做，便向政府提案申請經費來辦理更多身心障礙者活動，一整年甚至高達兩百多場。

主要原因當然是小林，但我們也看見還有跟他一樣高中畢業沒辦法進入就業職場的身心障礙者，因為家屬長期過度保護而逐漸失去自理功能，甚至畢業後一直待在家裡，由於缺乏刺激而逐漸退化。

不過很可惜，小林不常來上課，因為舅舅給他的工作壓力更大。

他距離一般工作確實還是有段差距，後來我們千拜託萬拜託，替他找到附近一間廣告社的舉牌工作，一天至少也能賺個六、七百。

這樣吃飯應該沒問題了吧？

小林從此開啟了舉牌人生，假設他夠勤勞，每個禮拜都能夠賺兩、三千元。但問題來了，他從來沒有管過錢，社工只得開始教他記帳，偏偏事情沒有想的這麼容易，他老兄有時候叫個外送，一頓宵夜就讓一整天舉牌的收入沒了。

社工總是又好氣又好笑，我們也會故意餓他幾頓，誰叫他要提前把自己明天的午餐吃掉，要當大爺花錢就要承受後果。

好在不是只有社工，小林住的社區大樓管理員也注意到這個總是一副憂鬱小生臉孔、在街頭遊蕩、有時候還會被舅舅追罵的小林。

大樓管理員會外包社區清潔工作給他，或者詢問住戶需不需要丟回收跟大型垃圾，讓他加減賺個外快。小林雖然瘦弱，但這種勞力活還是能夠做的。後來我們也發現他在外遊蕩的時候交了壞朋友，女網友跟門市人員串通，要他在電信行簽了好幾份吃到飽的門號合約，而贈送的手機呢？早就被人騙走了。

舅舅接到電信公司寄來的催款帳單又快氣瘋，這次氣到把小林的床鋪給丟了，要他捲鋪蓋滾蛋！

我們緊急趕到小林住的社區，將他的床鋪搶救回來，也請舅舅再給小林一次機會。社工帶小林去法律扶助基金會，開始處理債務清算，也更嚴格地管控小林的支出。

只要他能夠好好記帳，而且證明自己確實記了帳，手上的金額的確如同帳冊上的餘額，我們就會給他食物券，讓他去換頓吃的。

事實上，他記帳記得並不確實，有時候含糊起來，幾天的帳、好幾百元不知去向，社工還氣得向我抱怨。

我已經維持記帳的習慣將近二十年，但有時候也會偷懶，一個禮拜的呆帳就不只好幾百了，一開始怎麼可能精算到每一分每一毫。

「別忘記他是障礙者，人家舅舅不給他機會，但我們要給他機會。」

我們的活動開辦五年後，小林總算偶爾會來上課，他這時雖然已經是舉牌的老手，但也開始想要進入一般職場。

「舉牌好辛苦，颳風下雨都要去，有時候還會被其他舉牌的欺負。」

在我們中心辦理的「我想找工作」課程裡，社工負責扮演嚴厲的面試官，小林則穿著一套雖然皺巴巴、但顯然已經費盡他心思的直條襯衫出席。

儘管他有時候仍會寅吃卯糧，但已經大幅減少，社工替他申請輔助宣告，也就是有政府當他的「輔助人」，即便當時的欠費後續轉到債權公司——俗稱的討債集團，他們也不敢對小林太過分。

五年的磨練雖然不一定能讓他順利進入一般職場、做常人的工作，但他至少有機會進入願意聘雇身心障礙者的特殊職場，或許不久後也能開始領月薪。

小林可能還需要再花個五年才有辦法自立，但他現在可以自己清潔房間，管理財務也不會有太大的問題。

「你不覺得小林改變很多嗎？」我問了社工。

小林的主責社工現在換了第二位，這位社工五年前也在辦公室目睹了小林進案的始末。事實上，我是故意挑選這位社工的，因為她真天殺地有夠兇！小林把錢花光沒錢吃飯時老喜歡裝可憐，還想跟社工討價還價，但他怕這位社工怕得要死，不敢作怪，一撒謊也立刻就會被拆穿。

「小林，好啊，你又叫 foodpanda 把今天賺的花完了對吧！吃一頓六、七百的宵夜很爽對不對！好！你最好餓死啦！」我常常聽到社工在電話裡朝小林大吼。

但她這回仔細想了一下：

「其實他還真的成長很多。」

❋　❋　❋

肢體障礙者或智能障礙者在勞動條件上的限制往往再明顯不過，但一般民眾卻不一定清楚心智或精神障礙族群的限制，而這樣的不理解，也經常出現在親屬間。

父母對於障礙者子女的理解往往較多，手足卻未必，他們見到障礙者無法外出工作，都覺得他們是在「裝病」。叫他工作就意見這麼多，什麼沒辦法踏出家門？聽他在放屁！

即便是「資深」的身心障礙家庭，家屬對於疾病的衛教很多卻仍然一知半解，往往溝通受阻，不知該如何與障礙者對話，到後來逐漸引發為憤怒：「你好手好腳的為什麼不去工作？」、「難道要爸媽養你一輩子嗎？」、「等爸媽離開了我一定會把你掃地出門！」這些都是社工在工作上常見到的家庭衝突。

障礙者在就業上最大的困難，除了障礙本身的限制外，還有家庭教育的不完備，早年家屬往往教導得太少，更多的是直接替他做。舉個例子，當孩子出門繫鞋帶花太多時間，甚至延誤上課，父母可能乾脆蹲下來替他綁鞋帶。如果長期以來都是這樣，孩子就會忘記該怎麼綁鞋帶，或者故意不綁鞋帶，因為他們知道有人會代勞。

身心障礙者的教育也是一樣。

別說家務，許多身心障礙者就連吃飯、洗澡、如廁都不一定會，與其讓他們把家裡搞得亂糟糟、身上都是飯粒，不如直接用湯匙就口。如果這些需求都是家屬代勞、親力親為，將導致他們原本有機會學習，最後卻完全喪失功能。

雖然不免遇到長達數個月甚至數年不等的陣痛期，但我認為除非是極重度失能的身心障礙者，否則只要以結構化的方式教導，給予他們練習的機會，身心障礙者並非什麼都不會。

「我要為了媽媽去工作」

阿楓是重度精神障礙者，診斷為重度憂鬱症與思覺失調。他高中畢業後也曾經在加油站洗車五、六年，不過後來因故跟同事爭執，劇烈的人際壓力使得他再度病發，各種批評與攻擊的幻聽又冒了出來，他聽從幻聽的指使選擇自殺，幸好最後救了回來。

阿楓反覆進出精神病房長達一年，後來就再也沒辦法工作了。

我認識阿楓的時候，他的病況穩定，不過因為已經與社會隔絕太久，就連跟我說話都會發抖，更別說進一步回到職場。

阿楓當時跟父母同住，媽媽也是精神障礙者，爸爸是計程車司機，哥哥則住在外地。他以前跟哥哥的關係很好，倘若嫂嫂因為假日有事無法照顧三歲侄子，阿楓會壓抑對人群的恐慌，搭車去哥哥家陪伴侄子。當然，過程很辛苦，耳朵會傳來其他人的謾罵與歧視，即便多數是幻聽，但他說能夠見到侄子就足夠了。

不料，有一次在照顧侄子時，親家公以為嫂嫂在家，便直接開門進屋。阿楓一時緊張，誤認為是壞人闖入，胡亂揮舞放在玄關的雨傘導致親家受傷。嫂嫂對此非常無法諒解，不准阿楓再踏入家門一步，哥哥也愛莫能助，阿楓便與兄嫂漸行漸遠。

幾年後，因為爸爸中風，無法再照顧他跟媽媽，何況父母早已離婚。至於離婚的理由，媽媽聲稱爸爸外遇，爸爸則表示媽媽的幻想太過嚴重，或許他想要讓媽媽搬去機構很久了。

爸爸私下告訴阿楓，想讓媽媽去住專門收容精神障礙者的康復之家（簡稱康家），他才能夠繼續跟阿楓住並照顧他。阿楓一直對精神病房與精神機構存有過去發病時的負面觀感，但想到媽媽已經六十多歲，還要一個人去康家，他覺得十分不捨，於是拒絕了爸爸的提議。

為了媽媽，他決定強忍心中的抗拒，陪她一起搬去自己排斥了好幾年的康家。

居住康家期間，阿楓的幻想十分嚴重，總覺得別人早已複製他櫃子的門鎖，意圖偷走他的遊戲主機，那是他以前用工作收入存錢買的ＰＳ４主機，所以他每次來找我談話時，總是扛著遊戲主機以及所有遊戲片，獨自一個人走了一公里多的路，要不是電視太重，他可能還會一起抱過來呢！

我感覺阿楓的病情越來越嚴重，但我不去反駁他的幻聽與幻覺，而是順著他的說法一起找尋解決辦法。他擔心門鎖被人複製，那就換一副；擔心仍然會被破解，那就去買小型保險箱；認為其他室友存心要害他，那我就去跟他的室友打聲招呼。此外也陪他去精神科就診，當醫生建議阿楓最好還是住院時，我猛敲邊鼓，但阿楓仍然不為所動。

我以為進度會就此打住，但這時候阿楓告訴了我新的訊息。他認為康復之家的主任對媽媽過於嚴厲，她除了有精神疾病外，這兩年的失智也越來越嚴重，老是忘東忘西，因為太常把證件弄丟，機構誤認為她存心找麻煩，甚至會對她口出惡言。

「我想帶媽媽搬出去。」阿楓說。

結果就因為這個念頭，讓阿楓同意住院調整藥物一個月，稍稍減輕了幻聽症狀。我們也一塊去了專門幫身心障礙者找工作的職業重建中心洽詢，但就業服務員事先與阿楓所住的康復之家聯絡過，得知阿楓除了幻聽嚴重外，生活習慣也不好，老是睡到中午才起來，甚至有時候輪值負責機構住民的午餐也會睡過頭，所以他們懷疑阿楓根本故意擺爛。機構主管認為阿楓不可能外出工作，因為他根本無法按部就班起床、搭車上班，就服員便以此拒絕了他。

阿楓落寞地離開，我則提出了另一項建議：

「那我們去舉牌吧。舉一陣子來證明你也可以工作。」

雖然沒有勞健保，但是舉牌或者發傳單一整天，至少也有幾百元進帳。於是阿楓漸漸從一個禮拜工作兩天，最後增加到一個禮拜工作四天。

他原本毫無積蓄，工作一年多以後，竟然也存了將近六萬元，足夠支付租屋的押金跟前一、兩個月的租金。我觀察他穩定舉牌一年以後，原本打算再帶他去職業重建中心，畢竟他已經證明自己可以穩定工作好一陣子，但他想起當時面試時曾被就服員「羞辱」，便拒絕再去。

「主任跟就服員說我會在康家尿床……這跟我工不工作有什麼關係？」

「主任都不講我的好話，我本來就很討厭康家……就服員老師都聽主任的……他才不會相信我可以工作……」

「去還不是被笑、被拒絕……我不想去……」

就服員過度參考康復之家主管的意見，但那位主管因為阿楓入住早期疾病控制不好，對他充滿偏見，根本給不出好評價，甚至不願正視阿楓已經改變。

過了一年，阿楓再次打電話給我，說他已經帶著媽媽搬離康家了。他表示想要重新去職業重建中心，因為他認為搬離康家，進入了其他職業重建中心的負責轄區，應該就會換個就服員重新評估。

這小子滿聰明的嘛！

我便又陪他去了一趟職業重建中心，這次對方告訴阿楓，他們認為他有機會工作，但還是需要排隊等候評估，大概得等六個月。阿楓聽了嚇一跳——未免等太久了！不過畢竟願意聘雇身心障礙者的雇主不多，僧多粥少的情況下，想透過政府部門媒合工作確實得等這麼久。

於是他一邊等候工作，一邊繼續舉牌。

他告訴我，能夠找到現在的租屋處也費了好大一番工夫。阿楓一連找了幾個房東，對方一聽見是精神障礙母子同住都斷然拒絕，幸好現在的房東說他自己也有親人是精神障礙者，看見阿楓辛苦照顧媽媽才會同意出租。

其實阿楓家上次退租，也是因為房東看見負責經濟重擔的爸爸中風，認為不可能再負擔房租而趕他們走。何況租屋期間阿楓有自殺歷史，鄰居一直擔心他有一天會抱瓦斯桶自殺，屢次向房東抗議，房東也乘機連續漲了好幾次房租，阿楓一家叫苦連天多時。

我真心替阿楓高興，事實上因為政府的職權劃分與搬家的緣故，那時我早就沒有服務他了，他之所以還會找我，單純只是因為相信我。

由於阿楓白天去舉牌，擔心媽媽一個人在家沒人照應，加上康家主管當時一連失去了兩個住民，於是拜託阿楓他們回機構住。

「這次你們如果回來，我們一定會好好善待你跟媽媽。」阿楓於是再度搬回康家。

他說暫時放棄跟媽媽搬出去的念頭，雖然他還是很討厭住在機構跟其他「神經病」當室友，不過他覺得媽媽在這裡有人照顧更重要。他會好好工作，如果哪天媽媽離開人世，他就會用努力賺來的錢搬離康家。

我拍了拍他的肩膀，告訴他：「我相信你未來一定有機會找到更好的工作，搬離這裡，好好去過新的人生。」

◎　◎　◎

無論是小林或者阿楓，或許旁人都從來沒有想過他們能有機會工作，又或者在很多人眼中，沒有勞健保又不是領月薪，根本連工作都算不上。不過身心障礙者透過政府的求職單位找工作，往往需要耗費數個月，確實有很多家庭等不了，加上改變生活型態勢必要循序漸進，所以舉牌的工作格外適合他們。

小林在成長過程中除了受到母親的忽視外，舅舅也對他充滿偏見，甚至在外公、外婆過世後一度將他掃地出門，幸虧社工與社區管理員大哥介入，才讓他重新對生活抱持希望。

相較之下，阿楓就沒有這麼幸運。他們在過去的租屋處屢屢遭到鄰居排擠，每逢媒體報導精神障礙者的負面新聞時，鄰居便會「要求」房東一定要趕他們出去。

事實上，身心障礙者的居住一直是難解的問題，這幾年政府「總算」開始興建社會住宅，但往往施工期長，開放申請的期間卻只有一、兩個月。各地釋出社會住宅通常間隔數個月，甚至長達一年，導致只有這段期間恰巧有租約空檔的弱勢族群才有機會申請，像阿楓就一連錯過了兩次社會住宅的申請，最後只好自行尋找願意「收容」身心障礙者的房東，又或者回到他最討厭的機構居住。

阿楓跟小林雖然還稱不上獨立，在我輕描淡寫之下過程卻好像十分順利，但真實情況是，社工必須透過好幾次、甚至十幾次的談話與陪伴，頻頻進出他們所居住的社區跟周遭鄰居斡旋、陪著他們去各種地方面試，歷經好幾年才能夠有這種改變。

我始終認為身心障礙者並不是沒有能力，而是願意相信他們的人少之又少。如果你願意包容，願意提供多一次機會，或許他也能夠讓你大出意料。

「人若落魄，就什麼都沒有了」

身心障礙者中有所謂的「中途致障者」，就是後天遭遇事故、疾病導致成為身心障礙者，其中最常見的是肢體障礙者，好比中風、車禍或者疾病病變，與我們息息相關的包括因為高血壓、糖尿病引起的視神經失調、失聰，又或是因疾病照顧不周引發蜂窩性組織炎造成截肢等。

「人若落魄，就什麼都沒有了。」這句話我已經從數不盡的身心障礙者口中聽過，他們大多埋怨生病後，朋友逐漸疏離，一個個開始避不見面。

❋　❋　❋

阿劍是洗腎患者，他每週二、四、六需要洗腎，以前習慣騎機車去，但接連幾次洗腎後的虛脫導致他摔車，所以現在不得不坐公車去洗腎。

幸好他為人敦厚，洗腎久了以後跟洗腎診所的院長關係也越來越好，後來診所成立洗腎交通車，他便成為第一號乘客。

阿劍以前事業有成，無奈十幾年前投資失利將所有積蓄都賠上，他的妻子擔心債務殃及孩子，辦妥離婚後便帶著三個孩子遠走高飛，他們就此失聯了好幾年。

這類故事社工聽多了，也總是語帶保留，畢竟拋妻棄子的男性還是多數，所以我也是聽聽就罷。

直到阿劍告訴我們，收容他的乾女兒表示不能再讓他住在一塊了。阿劍當時寄居在乾女兒租的公寓，她帶著幾個孩子一起，阿劍則屈居客廳睡沙發。

因為阿劍的親生子女收入不低，所以公所的公文陳明他沒辦法通過補助，他也只能幫乾女兒做家事抵租金。

阿劍說他以前交友廣闊，不過自從欠債的事情爆出來後，與他稱兄道弟的朋友一個個見到他拔腿就跑。孩子更不用說了，就連他倒在路上、送院治療發現腎功能出問題時，幾個孩子也從來沒有出面過。

他怨天怨地，不知道自己到底做錯哪件事。

「難道我只有死路一條嗎？」阿劍說，現在連乾女兒都不願意再收容他了。

「你要不要告你兒子、女兒？」我問道，也跟他說明如何以訴訟方式取得福利身分。如果勝訴，法官判子女應該給付阿劍生活費，他就可以仰賴那些錢生活；如果敗訴，法官考量阿劍以前不顧子女，現在也可以免除子女的扶養義務，他便能夠取得補助。

「我怎麼可能不顧子女！我要告的話……不可能輸！」話雖如此，他也懷疑道：「告他們……這樣不就撕破臉了嗎？」

雖然猶豫，但或許認定自己從未做錯，他考慮了幾天後便同意了。我也就跟乾女兒談好條件，請她再寬限阿劍幾個月。

幾個月？這麼久？

我向她說明這類訴訟多少都會拖上半年至一年，但我會替阿劍申請民間補助，就當做給乾女兒的押金，乾女兒便勉強同意了。

九個月過去，阿劍勝訴，法官判他的子女每個月總共要給他一萬五千元的生活費。意外的是，阿劍真的沒有吹牛。法官的判決中載明他過去功成名就，供幾個孩子讀到大學，其中還有兩個讀到碩士畢業。事業有成的他，也曾經將版圖擴張到中國，其中還有一個孩子去中國當富二代呢！

阿劍勝訴後，開始陸續拿到幾個孩子給的生活費，生活逐漸好轉。不過他說台北的房租太貴，加上以前麻煩乾女兒這麼多年，覺得不應該再拖累人家。而且他開始收到子女的扶養費後，一個「朋友」就提議阿劍去租他在桃園的空套房，一個月算他五千就好。

「阿劍你又有朋友啦？」我說。

「對啊，人若落魄就沒有朋友，人不落魄，朋友就回來了。現在我兒子偶爾也會打電話關心我，跟我說生活費要緩幾天，叫我不要去跟法院講。」

雖然阿劍的朋友大概也是想利用阿劍付租金，好讓他繼續繳房貸，不過一個月五千的租金在台北確實找不到。

我後來也去桃園探望過他，儘管日子稱不上好過，但至少生活沒什麼好擔憂的了。

「雖然告小孩有點丟臉，但我真的不告不行。」阿劍到現在還是常常懷疑自己的決定，接著又說：「如果你是我兒子就好了。」

我露出微笑，但沒有回應他。

說真的，阿劍供孩子吃穿，但孩子卻在父親落魄後跑得遠遠的，這之間肯定也有什麼不為人知的故事。不過，現在探究那些似乎也沒有意義了。

柏哥今年不過四十五歲，以前是大客車司機，但一次車禍事故讓他的左腿截肢，後來又因為不斷感染，一路從小腿截到大腿，現在連左半邊屁股也切掉了。

他第一次在醫院醒來，發現左小腿遭到切除，便往床下翻去——他好想死。女兒見狀趕緊呼叫護理師過來，只不過再多專業人員都換不回他的腿。

柏哥的太太過世多年，他跟女兒相依為命，事故發生時女兒才讀高三，當年正準備考大學。

事故以後，柏哥不敢告訴朋友。以前他可是呼風喚雨，大家都把他當成可靠的大哥，現在卻根本不敢讓別人看到這副模樣，尤其在屁股切除一半後，他覺得自己人不像人，鬼不像鬼。

跟朋友講又有什麼用呢？他們一定想要幫忙，但大家都有各自的生活得過，我又何必給人家添麻煩呢？

柏哥把舊的手機丟掉，斷了跟所有朋友的聯絡，幾個好朋友鍥而不捨地去他家找他，但柏哥避不見面，堅持不開門。

開門又怎麼樣？我知道他們是想關心我，可是……關心又有什麼用？

柏哥的女兒順利考上大學，但學校距離住家五、六十公里遠，因此不得不住校。柏哥最後一次截肢後，頻頻在家裡跌倒，他也只是靜靜地在地板上躺著，等每天過來的居服員發現，將他扶起。他拜託居服員，千萬不要跟他女兒說，因為他不想讓女兒擔心。

柏哥總是告訴我們，他不如死了算了，繼續活著只是拖累女兒。

我們安排的復健師進去幾次後，柏哥已經復健到能夠在家裡移行，但復健師說他更需要的是心理諮商，不過他沒有能力負擔到宅心理師的費用。

我們跟居服單位討論過好幾回，即便媒合善心單位支付，對方也說申請的個案太多，沒辦法這麼快審核，所以我們只能讓社工跟復健師到家裡時多安慰他、給他正向的力量。

但是我們都很清楚，無論給他再多資源、再多跟他說些什麼，他的腿也終究長不回來。

你可能會說，可以告訴他澳洲生命鬥士尼克．胡哲（Nick Vujicic）的故事呀，人家沒手沒腳也還是過得好好的，還可以去爬山呢！但這也是民眾會犯的錯誤，每個人都會認為自己遭遇到的悲慘事件最獨特，告訴他別人過得更慘，並不會讓他更好過。

如果是你，能夠接受自己只剩下一條腿嗎？以往你覺得再簡單不過的生活庶務，像是刷牙、如廁，甚至只是接聽朋友的來電，如今都變得困難重重。

沒有人想要失能、事事都需要別人協助，何況還是讓深愛的人深陷照顧的泥淖。照顧是條漫漫長路，有些人會把別人的照顧視為天經地義，但大多數人若陷入失能，都不會想麻煩、拖累別人，畢竟誰又想要讓別人看見自己脆弱的一面呢？

我們在生命歷程中總會遇到幾個驟然消失的朋友，起初或許不以為意，認為只是各自忙著自己的事情，心裡想著也許未來有其他機會重拾聯繫，但說不定他們是遭遇到挫折而不願意透露。

臉書等社交媒體文化讓人們習慣分享光鮮亮麗的那一面，面對自己的低潮，卻不願意向他人明說，擔心別人覺得我們「不好過」。我們都希望別人看見自己好的一面，拚命藏起脆弱的部分，更多時候是因為我們自己不願意正視，與其擔憂別人能不能接受，不如躲起來，不讓別人知道。

中途致障者當中，「幸運的」可能失去感知、喪失思考，茫然地活下去，而多數不幸的，從萬能變成萬萬不能，確實是難以接受的苦楚。

有時候，再多資源都彌補不了內心的空虛與懷疑，因為那些都是物質上、以替代為取向的，心裡的缺憾與徬徨只能夠用旁人的關心與支持去填補。

沒錯，柏哥的腿長不回來了，但他沒有看見女兒不辭辛勞地從外地返家，只為了讓父親打起精神，對於社工以及各級單位提供的協助，他也總想著何必浪費政府資源，這些資源應該給其他「有救」的人使用。而他呢，不如死了算了。

社工可以做到的，就是讓他知道女兒把他看得很重，如果他能夠抬頭挺胸地活著，或是透過復健做到自我照顧，就是對女兒最大的安慰。

假以時日，或許柏哥也能踏出下一步，與我們共同思索未來的方向，不過他必須要先接受自己。只是要做到那一步，確實需要耗費極大的精神。

柏哥的故事不過是千萬個身心障礙者故事的其中一個，卻反映了他們共同的心聲，那就是擔憂自己成為拖累家人、朋友的人。

所以在你批評或不理解身心障礙者時，請暫停五秒鐘，試著去同理他們的感受，或者想像自己是他們的家人。你不一定要像社工一樣無條件包容他、接納他，只要試圖理解，那就踏出了助人的第一步。

柏哥的故事其實有後續，我寫完前面的段落幾天後，社工在家訪時發現柏哥手上的傷痕，他跟社工開玩笑說只是想要割手看看，沒別的意思。即便如此，嚷著想死跟實際去做還是有頗大的落差，不可不慎，於是我們第一時間知會他女兒，也通報了自殺防治中心。

幾天後我們再收到消息，是居服員再次到家裡時，發現柏哥死在房間裡，他用電線纏住脖子，窒息而死。

自殺防治中心的社工甚至還沒來得及家訪見他一面。

後來那段日子，我們尤其關心他女兒，畢竟自殺遺族可能也會因為自殺者帶來的陰霾影響日後生活。

「其實我早就做好心理準備了……我知道他有一天一定會自殺的。」柏哥的女兒嘆氣道：「謝謝你們關心，這段日子有你們……我真的輕鬆很多。」

結束電話後，我向社工說：「雖然自殺不是好事，但那畢竟是柏哥做的選擇，對他女兒來說，似乎只有柏哥離開，她才能夠過屬於自己的人生。」

「我也覺得她聽起來好像鬆了一口氣。」

社工撥出給女兒的最後一通電話前，透過個別談話跟我討論是否需要再打這通電話關心她。我聽得出來，社工擔心自己無法承受女兒的情緒，才會與我討論。

「不用擔心，很多時候他們並不是需要社工多完美地回應，只要陪著她，如果她哭了，沉默也好、一起哭也好，都沒關係，讓她知道我們還在就夠了。我相信妳會更想當一個溫暖的社工。」

「我會打電話給她。」社工點頭道：「我想打給她。」

選擇的權利

一般民眾、身心障礙者的家屬，甚至非熟悉身心障礙領域的社工，都容易認為智能、自閉症障礙者因為障礙上的不足與缺陷，有必要「替」他們選擇，無意間「剝奪」了他們選擇的權利。

事實上，任何障礙類別的失能者都可能在特殊情況下喪失選擇的權利。

❁ ❁ ❁

我跟阿慶第一次見面是在他四十五歲的時候，他當時還算年輕，一個人住在父親生前跟他合租的公寓。

阿慶以前是貨運司機，他說因為日夜顛倒，加上工作繁忙，一開始雖然察覺腰部有些異樣，但也沒有立即就醫。拖了好幾個月後，直到某一天，他幾乎無法下床。

父親老姜帶他去看醫生，這一看不得了，醫生說他因為長期開車導致脊椎壓迫，腰部神經壞死，使得下肢也一併無力，從此之後開始不良於行。

那年，阿慶三十七歲。

由於母親已經過世，阿慶便由老姜獨自照料，幸好鄰居介紹了居家服務，在居服員的協助下，高齡七十歲的父親得以勉強維持生活。但老人家身體也不好，頭幾年還能夠固定陪阿慶去看醫生、偶爾復健，但到阿慶四十五歲那一年，已經三年多沒有就醫了。

阿慶原本已經結婚生小孩，他娶了一名越南籍配偶，生下一個男孩，不過自從失能後，前妻便與他離婚，帶著孩子遠走高飛，阿慶後來再也沒看過孩子。

「我真的很想再看到他。」阿慶哭著跟我說。

因為疼痛，他總是夜不成眠，翻來覆去，回憶過去開著貨車全台跑透透的往事。當時錢賺得快，當然也曾縱情揮霍，每當想到那段輝煌的歷史，他就忍不住又想起狠心的前妻與無緣的兒子，最後低頭望向癱軟且日益萎縮的身體，覺得窩囊極了，心情也就沮喪了起來。

父親過世後，阿慶的案件轉介到我們中心，便迎來了我跟他的第一次相遇。

資源陸續進去後，他已經有固定送餐的單位能夠送一餐到家裡，甚至在到宅復健師協助下，原本難以上下樓梯、導致長期足不出戶的他，也已經能夠靠著四腳拐勉強下樓。

每次家訪如果時間充裕，我都會陪他下樓散步，從他家走去附近的雜貨店約莫五十公尺，但他來回卻總是得花上一個小時。

即便如此，但我覺得已經算是進步很多，便打鐵趁熱找鄰近的診所幫忙。復健診所於是每天都會開復健車繞過來阿慶家，讓他跟著附近的老人家一起去診所復健。

我跟阿慶的關係越來越親近，也就逐漸發現他可能有了「二次障礙」。他會在某些談話中突然壓低音量，告訴我鄰居似乎看不起他，認為他跛跤就好欺負。

「你聽，現在樓上在跺地板。」

我站起身來仔細聆聽，卻怎麼也聽不到聲音。

「每次你來的前後，他們都會故意跺地板，半夜更嚴重，我已經很不好睡了，他們根本存心找碴。」他解釋道，然後又壓低音量：「又來了。」

「他們知道我坐專車去復健，還會跑過來撞我的門，跟我說沒用啦！我好怕。」

我內心拉起警報，難道鄰居惡意欺負阿慶？

我說我會上去拜訪鄰居，告訴他們現在阿慶有社工關照，雖然不能帥氣地說阿慶是我罩的，但對方惡意欺負身心障礙者，實在不能忍。

事實上，這種情形我們也不是第一次遇到，確實會有社區居民惡意貶低、瞧不起弱勢族群，我們也都會從中介入。當然不是去找人家吵架，而是用委婉的方式讓對方知道這戶家庭有社工在關懷，或是把里長拉進來，讓對方知道自己站不住腳。

「不可以啦！你偶爾才來一次，如果你去嗆他讓他對我更不爽怎麼辦，社工你不要衝動，我頂多拿拐杖戳天花板，讓他們也不好睡覺。」

「你都這樣說了，那我就先不行動。你再觀察一陣子，如果真的吵到讓你受不了，你就告訴我。」

離開後，恰巧阿慶公寓的一樓住戶坐在門口納涼，我便主動向老人家自我介紹。

「我是定期關懷阿慶那一戶的社工。請問阿慶樓上的鄰居怎麼樣？」

「噢！你是阿慶的社工呀？政府的人喔？我以前就看過你，以為你是他朋友。你說阿慶樓上的鄰居……什麼鄰居？整棟都是我的，他樓上那一戶漏水，我空租好久了，想說修好以後要讓我孫子搬回來住。」

空租很久？我請老人家多說一點。

「空租好幾個月了，我本來懶得修，不過我兒子說沒修好會越來越嚴重，所以我最近會花錢處理。」老人家停頓了一下，問道：「還是也漏到阿慶那一層了？」

「沒有啦，阿慶說他以前認識樓上的，想說是不是換人了，現在沒聲沒息，我想說剛好遇到房東你，就順便問問。」

老人家露出似懂非懂的表情。

我這時候才明白，阿慶可能因為長期獨居，加上徹夜難眠，所以產生了幻聽和幻覺，除了肢體上的障礙外，還多了二次障礙——精神症狀開始找上他了。

後來我跟阿慶的談話改變了策略，轉而關心他的睡眠情況。果然，久未就診的他，沒辦法用止痛藥壓抑身體深層傳來的神經刺痛，他往往早早上床，卻左覆右翻直到天亮才勉強入眠，口中的「鄰居」又會刻意製造噪音把他吵醒。

「他們這樣搞你多久了？」我順著他的話問。

「這兩、三個月開始，不過他們越來越過分，現在還會在我客廳外面說話、罵我，說我這個廢人怎麼不去死一死。」

看來阿慶一開始的輕微幻聽越發嚴重，得立刻就醫。

我以睡眠切入談話，因為多數民眾聽見他人建議自己去看「精神科」，第一個反應往往是「我又不是瘋子，幹麼去看精神科！」，所以社工都會轉個彎，宣稱睡眠問題還是需要看精神科，畢竟安眠藥只能仰賴就醫取得。

不過光一次談話還不能促使阿慶點頭，我也再跟阿慶的姊姊聯絡，知會阿慶的狀況，如果接下來要去精神科，姊姊可能得一起去，好減輕阿慶的抗拒。

努力了幾個月，就在預訂好復康巴士並安排好精神科門診前夕，居服單位傳來消息，說週一當天下午到阿慶家服務時，發現上週五跟當天的便當都還掛在他家門口，無論怎麼按門鈴，阿慶都沒有來開門，只聽見門內傳來微弱的呼喊。

我趕緊報警並通知阿慶的姊姊，救護車隨即到場將阿慶送去醫院。原來他上週四晚間在床鋪旁跌倒，就這樣在冰冷的地板上躺了五天，雖然身體沒有大礙，但因為連日都沒有喝水、進食，導致輕微的營養失調。

過去阿慶一個人住，在各種資源介入下，基本上生活勉強還能自理。但跌倒代表一個警訊，那就是他現在的身體狀況無法讓他繼續在社區獨居，姊姊有家庭也沒辦法接他過去同住，所以我們啟動通報機制，最後負責「保護安置」的政府公辦社會福利中心便將阿慶安置到機構。

過去阿慶要安置機構有困難，因為他付不出錢，加上肢障機構滿額，未滿六十五歲也無法進入老人養護機構，如今透過緊急安置能讓他破例進入養護所，由國家暫時墊付照顧費用。阿慶父母雙亡，孩子又還年幼，因此要等孩子長大成人後政府才會追討這筆費用。換句話說，子女未成年期間，阿慶的機構費用都會由政府——也就是全體納稅人——買單。

現在送阿慶前去機構保護安置，確實是唯一的路。得知阿慶會被送往機構後，我知會了他的姊姊，她說或許這是對弟弟最好的安排。

※ ※ ※

保護安置，是政府以公權力強勢介入，送服務對象前往機構「暫時」居住，事後再向照顧義務親屬（如父母親、子女等直系親屬）追討安置費用，等於政府先「代墊」機構費用，之後再向應該付錢的「債務人」追討。不過並不是每一個受保護安置者都有親屬，更多時候找不到家屬，只好轉而由全民買單。

這種強制安置雖然以「保護民眾」為出發點，卻會違反民眾意願，等同於剝奪個人在社區生活的權利，涉及《憲法》賦予人民的居住、自由權，所以都是評估民眾確實

「已經發生」緊急危難才會啟動。除了阿慶這種失能造成的生命危難外，像家庭暴力的嚴重受暴者，或者因病住院者出院時評估家人無法照料或無家人照料、即將有「危難之虞」，就會發動緊急保護安置的評估措施。

換句話說，當政府「主動」協助民眾安置機構，勢必是處在緊急危難中一種「不得不」為之的下下策。阿慶的案例是因為在家中跌倒，無人及時發現而被迫躺了好幾天，所幸他只是營養不良，否則就成為另一起不幸的社會孤獨死事件。

這是阿慶因為失能被剝奪的權利，但並不是他被剝奪的唯一一項權利。他的前妻在得知他失能，無能工作與照料家庭時，也毅然決然選擇離婚，並帶著孩子遠走天涯。阿慶當然感到手足無措，但他又能夠做什麼呢？當前妻質疑他能夠再肩負多少照顧家庭的責任時，他鐵定無話可說。

他被迫交出了身為人父的權利，對他而言，孩子今後似乎都與他無關了。

遭遇這種困境的他，因為身體疼痛、長期失眠而造成「二度障礙」，產生精神症狀，即便面對「想像出來」的惡鄰居，他也是害怕得不敢反抗。因為他知道自己是失能者，人家就是要存心欺負他，他手無縛雞之力，只能任人宰割。

「習得無助感」指的是人在接連挫敗好幾次之後，逐漸放棄反抗，甚至認為問題跟絕望是永遠不可能解決的。阿慶先是失去了對身體的控制權，又失去了婚姻、家庭以及曾經最疼愛的小孩，而後父親因為年邁過世，隨著就醫困難，他的失眠問題越發嚴重，而失去健康的精神狀況，承受著精神症狀所帶來的幻聽和幻覺，又因為身體的缺損、無力反抗他人，最終失去身為人的尊嚴。

等到阿慶即將出院時，政府負責保護安置評估的社工或許會問他願不願意前往機構，也會「強烈暗示」他的現況實在不適合回到社區，或許阿慶會回答：「反正我這條命早就任你們宰割。」

最後，他連在社區生活的權利都將被我們以安全為由剝奪。

鋼琴聲與小莉

我的社工執業初期，曾經有一位資深社工師在替我們上課時分享道：「所有社工生涯初期的個案都是我們的老師，我們都要從個案身上學習應該如何去當個社工。」

這一章的最後，我就來分享深刻影響我的「老師」——小莉。

小莉那年五十歲，是重度精神障礙者。她的診斷是思覺失調，有嚴重的幻聽與幻覺，但她「自稱」媽媽過世後沒錢生活，想到可以裝病去精神科，便跟精神科醫師講好把她寫嚴重一點，好讓她能夠通過補助。

但事實上，醫師對於攸關補助的事情特別謹慎，不可能與病人達成這樣的協議。換句話說，這番說詞顯示小莉並不認為自己生病，她沒有病識感。

她會不斷咒罵自己唯一的姊姊，說姊姊竟然當自己真的生病，還找精神科醫師到家裡來看她，但她根本沒病，這樣未免太看不起人了！

小莉每逢身心障礙鑑定前幾個月就會去看醫生，好維持她的精神診斷，但她卻完全沒有吃藥。

吃錯藥沒關係，沒吃藥大有關係，所以她的病情確實不樂觀。我第一次家訪時順著她的話，假裝知道她沒有病，只因為她「一個女孩子」獨居，我擔心她的安危才要去看她。

家訪結束後隔天，她打電話過來，說我一走，鄰居便上門告訴她：社工四處說妳是神經病。但我當天根本沒跟任何鄰居說到話呢！

後來的幾個月裡，小莉幾乎想到就會打電話來罵我，說我亂造謠、不守信用，四處跟別人說她生病、是瘋子。

一開始她罵完就掛，我也不跟她爭辯，畢竟她病情不好，何必在意？後來小莉除了罵我以外，開始會講一些生活瑣事，比如她今天在家裡看到老鼠快嚇死了、昨天下樓看見一個男生跟我很像、差點踩到家裡堆置的衣服跌倒之類。

一邊罵，一邊跟我話家常。

我把聽筒調到最大聲，放在一旁，能夠依稀聽到內容，同時也一邊辦公。敲鍵盤沒關係，反正她只是想罵人跟講話而已，並不在乎我這裡有什麼聲音。

「你就這樣讓她罵喔？」同事問道。

「沒關係，罵我又不會痛，她想罵就給她罵。她跟鄰居都沒往來，也沒朋友，媽媽死了，姊姊跟她鬧翻了，沒人聽她講話很可憐，讓她發洩一下也好。」

半年過去，我發現小莉罵我的頻率越來越低，分享的瑣事越來越多，於是我抓準機會拿起話筒。

「小莉，好久沒去找妳了，明天去看妳好不好？」

小莉本來還自顧自地講話，突然停了下來。

「你……要來看我？」

「對啊。去看妳，想去關心妳。」

「好……好啊。」

這次家訪，小莉似乎格外珍惜，沒有罵我一句。她一樣生活瑣事連發，當然，聽得出來其中幻聽跟妄想居多，就在她講話時，我突然注意到她房內的鋼琴。

「小莉，妳家有鋼琴？怎麼沒聽妳說過？」

小莉似乎很興奮，往房間內走去。

為了避免事後說我尾隨她，我先徵求她的同意才進了房間。

「這是我媽以前買給我的，我讀高中的時候是管樂隊的鋼琴手！」

「妳現在還會彈嗎？」

我看見小莉的神情閃過一道光彩，她拉開罩住鋼琴的防塵布，頓時房間煙霧瀰漫。她嘗試彈了幾個音便退開，笑著跟我說她現在已經不會彈琴了。

「妳有空可以練琴呀！多跟我說妳高中的事情！」

小莉滔滔不絕地說起她高中的輝煌史，她可是讀北一女的，當時還跟樂團一起出國比賽。小莉過去的紀錄顯示她是大學時因為讀書壓力過大導致病發，如果是高中病發，我可能連問都不敢問。

「下次我來的時候，彈首歌給我聽好嗎？」離開前，我詢問道。

「你真的願意聽嗎？」

「當然願意！」我說道。

後來，小莉已經不再會打電話來罵我了，取而代之的是五音不全的琴音，其實我根本不知道她在彈什麼，不過後來幾次跟她約家訪都很順利，她甚至會為了我稍微整理家裡。

她家以前有成堆的衣服，因為她不會洗衣服，所以都是去買新的，髒了便堆在一旁，家裡不只有好幾座髒衣服山，也有新衣服山，我去拜訪時，大多都是她坐著、我站著。

現在我發現她會稍稍整理家裡，畢竟她得清出空間攤平她的高中畢業紀念冊，也會為了讓我有地方坐而整理那堆衣服山。

「妳家現在變整齊了耶！好厲害！妳越來越會打掃了！」

我講話有一點浮誇，但她確實買單。

「真的嗎？你注意到我有整理？」小莉像是少女一樣，對我的稱讚顯得很開心。

我很清楚，當時身為新手社工的我並沒有辦法改變她，讓她符合社會的期待去看精神科、固定用藥，但似乎仍間接改善了她的生活。

其他人都很訝異我是怎麼讓她願意拉近關係的，畢竟小莉可是罵走了好幾個社工跟公衛護理師。

「我也不知道我做了什麼，可能就是給她罵……又沒有掛她電話吧。」我補充道：「我只是讓她知道，她其實沒那麼孤單。」

回頭來看，我真的只是沒拒絕小莉，造就了跟她拉近關係的機會。雖然小莉的鄰居應該很生氣，畢竟她三天兩頭就亂彈鋼琴，還是彈給「應該要治癒她的社工」聽，或許反而造成了鄰居的困擾。

不過這也讓我學到，即便服務對象原本多厭惡你、認為你根本沒用，但只要讓他們理解你罵也罵不走的堅持，他們或許就會改變看待你的態度。

因為這番經驗，讓我能夠跟下一章出現的老張，以及後來好幾位服務對象建立關係，所以說小莉是我的老師還真的不為過。

服務對象在遇見社工之前總是帶著滿身傷痕，他們在生命中不斷遭遇挫折，又因為選擇了無效的方式因應，導致問題越滾越大。

人類之所以在眾生物中脫穎而出，在於我們有比其他動物更優秀的「解決問題」的能力，但身心障礙者——或者說「所有」社工服務標的的弱勢族群，卻往往面臨能力與能量的不足，前者代表的是解決問題的「能力」，而周遭支持的好壞則決定了解決問題的「能量」。

一般人會因為短期內的繁多事務而感到挫折，籠罩低氣壓，弱勢族群則長期處在低能量狀態，導致他們往往用旁人看來無效的方式因應問題。他們長年在解決問題上遭遇挫折，久而久之，便產生習得無助感，認為不可能克服問題。

那麼外人如社工，又能夠幫上什麼忙呢？

當社工按門鈴拜訪時，服務對象的印象不單單只是這名社工，還會帶著過去數個「前社工」上門拜訪的挫敗經驗，那些無法幫助他改變現況或解決問題、曾經讓他充滿期待卻又落空的夢魘。

所以小莉才會對我懷抱敵意，當她第一次見到我，而幻覺跟妄想又襲來時，她只好投射在我身上，朝我謾罵。

我一開始確實覺得委屈，不過轉念一想，要是我掛上電話甚至從此拒接，或許就再沒有人聽她說話了。她在社區已經孤立無援，如果罵我心情會好一點，那我給她罵一下又如何？

我的存在與接納，讓她願意開始相信這個社工不會離開，畢竟她生命中已經有太多人離開了——母親、姊姊、過去的社工與公衛護理師。小莉有太多可以改變生命、復歸社會的機會，卻因為她的防衛而將那些資源推開。同樣的，你也可以解讀成他們不得不丟下小莉。

或許是想到如果我也離開，那麼還會有誰來探望她、關心她，她還要等多久？

我只是不想丟下她而已。

或許因為懷抱著這樣的心情，之後我再次遇見欠缺能力與能量的服務對象時，都會想起小莉。

專欄

弱勢族群與弱勢工作者的經濟困境

來自服務對象的吶喊

全台灣總計約有一百二十萬名身心障礙者，占總人口數的百分之五左右，而並不是每一位身心障礙者都會接觸到社工，各縣市「幾乎」都有專責服務身心障礙者的個案管理中心，還有眾多民間社會服務組織服務不同屬性的身心障礙者，如智能障礙者、視覺障礙者、腦性麻痺患者、肢體障礙者等。

每個民間單位背後都有不同的故事，有些是醫生、社工或護理師等專業人員有感社會資源不足，於是共同協力創辦組織；有些則是家長生下孩子以後發現跟別人家的「不一樣」，因而為了孩子集結，成立協會甚至逐步成長為基金會，共同為了「我們的」孩子努力；有些則是宗教團體因著神的旨意與善心組成基金會等。他們的共通點除了一心為了服務外，也更有心力放在政府社工服務不到的角落，因為政府社工更多關注陷入高度困境、具有多重問題，且需要「公權力介入」的身心障礙者。

台灣一百二十萬名身心障礙者中，因著不同的障礙特性與程度，許多人仍能像一般人那樣生活，他們可以工作，也可以靠著自己與家人的支持在社會上立足。這些仍占多數，或許在你我身邊就有這樣的人，他們雖然是身心障礙者，但你並不知情，像我就有朋友天生只有一顆腎臟，同樣領有身心障礙證明，看來卻與你我無異。

甚至我的哥哥本身就是肢體障礙者，要不是因為身體上的疾病導致他每幾年必須「進廠保養」，否則歷來的同事都不見得知道他生理上的障礙。

身心障礙者往往有不同需求，從字面上來看，他們生理或心理上有「部分障礙」，有些僅需要低度的照顧資源，長期提供即可稍稍滿足，而一小部分身心障礙者則必須花費極大的資源，也會因為不同的生心理疾患導致難以適應社會。

這樣的人往往就需要社工介入。

或許落入社會福利體系的身心障礙者僅占全體的百分之一不到，以政府公辦的身心障礙中心來說，每縣市列管的服務對象通常只有一到兩千名。因為種種原因，這些身心障礙者會被指派專責社工，定期與他們聯繫，追蹤近況，確保「社會安全網」沒有破洞正是政府的責任。

政府其實已經大力宣傳社會上各個角落都有敏銳的友好單位，如里長、社區發展協會以及醫院等，當有弱勢身心障礙者「表現需求」便能提供幫助。儘管他們不一定會表達需求，但是敏感的專業人員或非專業人員往往能夠察覺到他們的困難，通知政府有關單位，讓社工主動介入。

遺憾的是，並非每個人都知道上述資源，所以有些人仍會生活在社會的陰暗角落，等待社工去「發現」他們的困難。

我所說的故事大多聚焦在此類有社工服務需求的身心障礙者，他們往往在社區生活有困難，或者因為高度照顧需求，導致家屬不得不辭去工作全心照料，抑或因為家裡有多名身心障礙者，家庭沒辦法發揮功能而分崩離析等。這些服務對象的共通點，就是絕大多數都會向我們陳明他們的經濟困難。

「補助不夠，社工，你可以給我錢嗎？」有些服務對象會直接向我們表達需求，他們初期接觸社工時，或許以為這就是社工唯一的功能。

政府的低收或身心障礙者補助金額往往不高，簡單來說，就是至少讓他們有飯吃，但面對現在高房價的台灣社會，高房價就相當於高租金，雖然也有對應的租屋補助，但包含身心障礙者在內的弱勢族群，扣除補助往往只剩幾千元可以生活，有的甚至一毛不剩。

然而補助也是雙面刃。如果補助太多，民眾會埋怨花費太多稅收在弱勢族群身上，但補助要是太少，就連吃飯都不夠了。所以政府也只能算得剛剛好，讓弱勢族群不會餓死，僅此而已。

缺錢，卻又無法工作，無論是自身能力的不足，又或者是職場的不友善，在在阻礙身心障礙者脫貧。金錢一直是多重且陷入生存危機的身心障礙者面臨到的最大挑戰。

但就像我說的，如果政府要你從口袋裡掏出更多錢，增加稅賦來照顧弱勢族群，你願意嗎？我在故事中描寫了部分身心障礙者開口閉口要錢的情境，之所以會這樣描述，絕非塑造他們的貪婪形象，而是要揭示一件事實——他們確實需要更多經濟補助來確保生活品質，畢竟在物價與租金飛漲的現在，原本勉強過活的他們，只能被迫往更陰暗的角落去。

社工心中不敢開口的呢喃

現實的金錢問題也同樣落在社會福利的「執行者」身上，社會福利單位的財源通常有兩種，一種是向政府或聯合勸募申請計畫，有了人事費及各項資金後，按照政府的計畫提供特定民眾服務就能夠養活組織；另一種則是向民眾募款。

不過，社會福利單位如今也走向M型化，人們通常比較願意捐款給「聽過的」單位，大型基金會往往資源較充沛，也較有預算行銷，隨著曝光度提高，捐款便越來越多。大者恆大，而小者就恆小。

越來越多小型社會福利組織募不到錢、資源不足，而政府審查計畫案當然也會評估申請者的營運能力，小單位沒有能力申請補助案件，最後即便有滿滿的熱血從事服務，卻陷入了營運危機。

這正是小型社會福利單位面臨到最大的困境。

以社會福利來說，不同領域也有不同的M型化，我所服務的身心障礙者領域，在我就學乃至出社會十多年後的現在，仍是屬於相對冷門的領域。我們從小到大不一定會接觸到身心障礙者，也就不一定能夠看見他們的需求，除非家人就是身心障礙者，否則也很難設身處地去了解他們的困境。服務兒童、青少年或是貧窮家庭的社福單位接受到的捐款往往比較多，畢竟小朋友是國家未來的棟梁，那些以認養、兒少為主要服務對象的單位當然能得到比較多資源。

反過來想，媒體與新聞事件中，將疑犯說成精神障礙者的比比皆是，也老是有人說社區住了精神障礙者猶如不定時炸彈。這些偶爾出現卻讓人印象深刻的負面標籤，造就民眾對身心障礙者的錯誤認知——為什麼我要捐錢給他們？這也導致服務相關身心障礙者的組織募款困難。

事實上，並不是每個精神障礙者都有幻聽、幻覺，他們也絕非沒事就會開瓦斯桶自爆，數千個精神障礙朋友中可能只有一位疾病控管不好，卻造成民眾這般負面的偏見。

此外，各種不同社會福利組織「回捐」的情形屢見不鮮，其中又多發生在募款困難的小型社福單位。所謂回捐，就是公司會要求你將每個月薪水的一定額度「捐給」公司。

在社工圈，雖然因為資訊變得透明，回捐越來越容易被爆料，這種情形已經稍稍減少，但在二〇二三年的現在，仍然是持續發生的事情。

你可能會很好奇：這麼不合理，社工怎麼不離職呢？或者可以向勞工局等有關單位投訴陳情啊？

然而，千萬別忘了社會福利的M型化，大型社會福利組織財源充足，給員工的福利相對較好，員工通常一進去就不會輕易離職，反觀另一端的小型組織，往往招聘不到人，導致錄用的人員都是難以踏入大型組織的新鮮人。

這批新血被迫簽同意書，將薪水部分回捐給公司，當越想越不對勁、想離職或投訴時，公司高層會告訴他們：這個圈子很小，要是給你負面評價，甚至可能會影響你下一份工作。

高層說的只是「可能」，這個圈子確實很小，卻沒有小到一個人就能夠隻手遮天，但新鮮人往往只能唯唯諾諾，盡可能待一段時間後才離職。

然後他會告訴自己，下一份工作得進入更大的組織。或者選擇離開，不再當社工。

政府曾宣布二〇二〇年為「社工元年」，明訂了社工薪資的標準，所有從事政府計畫的社工都能以三萬四千九百一十六元作為最低起薪，也會因為不同的工作內容享有不同加給，所以一名社工起薪從三萬多到五萬元以上都有可能。

這聽起來是件好事，卻引來部分民間社會福利單位的批評，大罵政府提高社工薪資，導致（不願調漲薪水的）他們招募不到社工，認為不應該讓社工領這麼高的薪水。

抗議者不是提高自己的薪資條件，而是遷怒政府提高薪資、降低他們的競爭力，這就是社工面臨到的困境。初踏入工作時，被迫選擇小型卻不健全的組織，沒有任何教育訓練，甚至可能沒有同事，也沒有會傾聽你、支持你的督導或主管。等到資深了一些，好不容易進入大型社會福利單位，總還是有讓你無法忍受之處，但你知道自己要忍耐，因為擁有同樣勞動條件的單位不多，讓人害怕再回到好幾年前待過的那個小機構。

所謂的最低起薪，即便一路往上爬，也不過是擁有「吃不飽也餓不死」的水準而已，這樣看來，不管是身心障礙者、老人或者一般貧困家庭，社工與他們的服務對象之間又有什麼兩樣？

除此之外，有些組織甚至要求社工具備募款能力，薪水得自己去籌募，如果這個月募不到，很抱歉，那就是減薪。於是社工變成了業務員，你又怎麼期待他能夠把社會福利做好呢？

無論社工服務的是哪一個領域，所謂的專業應該是專精在一件事情上，才能夠追求卓越，也才能嘉惠所服務的不同對象。

每當聽見服務對象問我：「你能給我更多補助嗎？」我就很想用同一個問題去問政府，或那些抗議社工薪水太高的社會福利組織呢！

在我寫這段文章的現在（二〇二三年），傳來了政府調高社工基本薪資的消息。對於調整幅度，我不會評判，畢竟有進步就是好事，但除了薪資，我也希望能夠讓大眾看見社工的價值，還有我們所服務的身心障礙者的困境。

第3章

沒有名字、沒有自己的照顧者

人在成長過程中，會逐漸從「被照顧」走向「自立」，身心障礙者也是這樣，自立者會逐步脫離社會服務體系，成為你我之中的一分子，「被照顧」需求較高者，則似乎永遠離開不了社會福利體系。

但我得一再強調，只要提供合適的訓練與機會，倘若並非完全失能、生活無法自理，就仍然有機會學習自立。

只不過，對於照顧者而言，是否讓他們「嘗試」自立，便成了難題。

平凡孩子的家長，在孩子學會爬行、站立甚至跑步時，漸漸會曉得不需要隨時在一旁監督，孩子也能確保自己的安全。等到孩子陸續完成學業、進入社會，更會期待他們即將開創屬於自己的人生。

身為身心障礙照顧者的父母親也會有相同的期待，只是對他們而言，放下孩子似乎是一項不可能的任務。

「要我上台？我什麼大場面沒見過！」

我第一次見到老周本人，是在模範家長的頒獎典禮上，以往我都是透過社工的文字認識他。

七、八年前，社區流傳老周將孩子小周推去給車撞，疑似製造「假車禍」來詐取理賠金，也曾流傳他其實積蓄頗豐，但卻處處想要從各社會福利單位詐取補助金，而他曾去區公所爭執補助更彷彿真有其事，畢竟里長指證歷歷。

幾年前的派案，我們單位並沒有選擇開案服務，因為從旁得知了那些負面訊息，也間接從公所獲知他確實有不少存款，所以訪視幾次以後就沒有再接續服務。

不過，三年前老周再次打了電話過來，說有意願來我們這裡上課。這次，則讓我們重新認識了他。

小周是三十多歲的重度自閉症障礙者，雖然可以在家屬的照料下勉強走路，但接受指令的情形不好，既不能說話，也似乎無法理解他人，不管是以前在學校還是家中都容易跌倒，所以老周大多用輪椅推他外出。

老周過去經營傳統產業，做得有聲有色，據說他為人海派，在各地結交了不少好朋友。妻子產下小周後，沒過幾年就發現他跟其他孩子不一樣，老周深深自責，認為一定是自己在妻子懷孕期間忙於工作、疏忽照顧，便開始考慮縮減公司規模，專心照顧家庭。

不料，妻子在小周八歲那年生病，在家中跌倒後就一臥不起。臨終前，她用最後的力氣對老周說：「你一定要照顧好我們的孩子。」

從此，老周耳裡迴盪的都是這句話。

他開始減少自己的工作量，將公司營運轉給員工負責，雖然營收變少，但孩子的事情他更能親力親為。老周每天帶著小周去上學，大家也習慣了有一位父親待在校園，他有時候擔心自己在學校礙事，便老是坐在校外發呆。

想什麼呢？

「想我老婆。」他這麼回答我們。

「還是她厲害，跟老師處得好。我一個男人不會說話，都問老師一些蠢問題，還是不要在學校裡干擾人家好了。」

無奈，好事不會接二連三，壞事卻總是接踵而至。小周國二時，九二一大地震把老周的工廠震倒，工廠倒了事小，但欠人家的貨款可沒辦法隨便算了。

他為了償還欠款，把房子都賣了，最後只剩下他跟小周住的這一戶。

「沒關係，反正還有個讓我們父子倆安身立命的地方就好了。」

老周沒讀多少書，有同行問他要不要跳槽，但以前當老闆能把公司交給人家管理，現在領人薪水的話，總不好三不五時請假去學校帶小孩、陪小孩吧。

因此他拒絕了豐厚的薪水，改到清潔公司工作，主要是因為老闆知道家裡情況，願意給他更長的午休時間。畢竟他仍擔心小周，想要留給孩子更多時間，再怎麼樣也得中午去學校一趟才行。

學校老師會針對小周的狀況提供老周很多建議，講過一次，不懂的他就問，還是不懂，那就再問一次。

老周堅持要自己替孩子洗澡、刮鬍子，讓他保持得乾乾淨淨。他希望孩子過得舒適、清爽，也給人整潔的印象。

我們曾經跟他討論居家服務的沐浴清潔項目，但他說跟亡妻約定過，大部分的事情他自己來做，居服員來的時候逗逗小周就行了。

小周高中畢業後，各方專業評估他無法工作、也沒辦法去小型作業所，只能去照顧型的機構。但老周帶小周去參觀過，覺得機構活動辦太少，自己才能夠給孩子豐富的生活，便開始帶他去參加各身障團體舉辦的活動。老周揹著孩子上下樓，推著他四處去、到處旅行，不希望小周因為自身的障礙被限制在家裡。

老周說養育自閉症的孩子需付出更多，加上小周無法說話，得從細微的臉部表情來猜測需求。他還四處參加不同的自閉症課程，增進教養知識，並在課後留下來與講師討論，總想再為兒子多做一些什麼。

老周之所以主動跟我們聯絡，是因為自覺年紀大了，但幸好還存有一點錢，只是擔心這些錢無法為小周所用。他已經替小周申請監護宣告了，等到他死後監護權就會移轉給政府，他的財產也會交付信託。

我們一聽，怎麼跟以前的紀錄不大一樣，便重新評估。原來老周跟鄰居處得不好，起因是小周時常在家中跌倒，砰然巨響每每讓樓下鄰居不勝其擾，而所謂的假車禍，也只是一場單純的事故，鄰居卻四處散播謠言，惡意抹黑老周。

幾個惡鄰居將這些事告訴里長，連帶使他也對老周產生了負面觀感。

里長告訴我們，老周每次看到不懂的公文就頻頻去問他，但他庶務繁多，加上多少被鄰居的流言影響，不禁覺得老周有點惱人，但聽到我們轉述老周為小周後續做的種種準備，里長似乎也開始改觀了。

最初打給我們的那通電話，老周是這樣起頭的：「我知道孩子遲早要去機構，但我還是很擔心，你們可以告訴我，我還能做什麼嗎？」

這一點在我們遇過的身障家屬裡確實罕見，因為家長大多避談後事，但老周卻更擔心小周在他離世後的生活。長期以來，他四處學習關於孩子的照顧與教養，如今隨著年事漸長，意識到自己或許不久於世，最放心不下的還是小周。

我們越認識老周，越明白他是一個慈愛且容易擔心的父親，他在照顧上不假手他人，當「現代孝父」揹著小周四處奔走，囑咐用藥，就醫絕不馬虎，過往我們抱有「慈母」印象的照顧者形象，在他身上無一不是，彷彿亡妻沒有離開過這個家。

老周總是跟我們道歉，說他以前頻頻打擾里長，現在則三天兩頭就打電話煩我們，但我們知道這些都是為了小周。

有些照顧者會說：「因為我上輩子欠他（身障者）太多，所以只好努力償還，希望以後互不相欠。」

但老周卻不是這麼想的。

「這輩子有緣成為父子，我很珍惜這個緣分，會一直一直照顧下去……」

老周確定入選為模範家屬前夕，市府託我問他可否上台致詞，畢竟女性模範家屬眾多，男性卻寥寥可數，沒想到老周拒絕了。

「我所做的不過就是全天下父親都會做的事情，輪不到我，肯定有其他更偉大的家屬。」

不過大概傳達上有什麼錯誤，典禮當天，司儀來跟我們確認老周是不是已經準備好上台。

我驚訝地趕緊說：「老周不是早就拒絕了嗎？」

一旁老周聽見我跟市府人員的爭執，便將我拉到一邊，表示有話好好說，他沒準備也可以上台。

「你可以嗎？」我還在懊惱，認為是自己沒傳達好。

「我當過老闆的，什麼大場面沒見過。」他向我微笑道。

老周緩緩走上台，他的演講最終獲得了滿堂彩。

「要勇敢地帶孩子出門，身為爸媽，不可以因為擔心別人的眼光就把孩子藏在家裡。我們要走出去，抬頭挺胸地在陽光下生活，我們要讓孩子跟其他人一樣，去體驗這個世界、去認識這個世界。」

老周下了這個結論。

他不過是個平凡的父親，雖然放心不下，卻也知道總有一天自己會離開。是啊，他當然怕死，更怕孩子在他死後沒人照料，但只要把後事都準備好，那就不需要再畏懼了。

❂ ❂ ❂

老周當天從市府領到禮券後，將我拉到一邊。

「這個我用不到，督導你把這些錢給其他更需要的身障家庭吧。」

我收下了禮券，問他要不要一起留在會場餐敘，因為我們也有同事獲得了績優社工表揚。

「我們的復康交通車下午才會來，我想帶小周去附近逛逛，跟他介紹爸爸以前在這裡上班。」

老周之前做的清潔工作，正是負責市府的大樓清潔。

「你們吃就好，小周咬合不好，要切，你們如果在的話就會想要幫忙，我自己來就可以了。而且合菜比較油，不適合他。」他堅持道。

老周極為灑脫，他不想成為別人的負擔，就像他也不想要小周日後成為其他人的負擔一樣。

他永遠都放心不下小周，所以跟我們見到的許多身心障礙家庭一樣，婉拒了很多服務，但他知道要讓小周接受外界刺激，也會擔心自己照顧得不如想像中好。他讓居家服務進駐，是覺得還是要讓專業的老師來照看，避免照顧品質下降而不自知。

「老周，你要把自己照顧好。」他離開之前，我叮嚀道。

「我會的，這樣才能夠把小周照顧好。」

做媽媽的可以請假嗎？

錢錢之所以叫做錢錢，是因為她說自己很愛錢。

但事實上，身為多重障礙者的錢錢從來就不需要擔心錢的問題，她所有的錢都是錢媽給的。

錢錢二十四歲，因為天生腦部病變罹患頑性癲癇，幾乎每天都會發作好幾次。除此之外，她的視覺、智能與肢體功能都不理想，只看得見近物，即便戴眼鏡矯正也無法改善，且智力僅有八歲水準，還好肢體上只是細部功能不理想、走路等大功能稍慢，算是不幸中的大幸。

錢媽知道我們的活動辦得好，即便住得很遠，也每天來回開車三個小時載錢錢來上課。

錢錢是我們見過數一數二嬌的小公主，或許因為錢爸與錢媽知道孩子天生有缺陷，自覺愧疚便特別忍讓。錢錢會因為喜歡的男生跟其他女生說話，就去怒斥「第三者」，還會拉攏別的同學說第三者不是好東西，要其他人不許跟她來往。

你可能會覺得這不是國小生才會做的事嗎？但畢竟他們的智力永遠停留在國小，我們社工也見怪不怪了。

錢媽知道女兒的脾氣嬌，因此總是在錢錢與其他人起衝突時立刻跳出來替她賠不是，也很抱歉總讓社工老師處理這些無聊的人際問題。事實上，我們都司空見慣了，對錢錢只覺得又好氣又好笑，也幸好對她們而言，我們就像學校的「老師」那樣有幾分威嚴，畢竟國小時誰不是怕老師怕得要死呢？

除了人際問題外，錢錢在參與活動時總是十分積極，也會想要當大姊頭，照顧其他新進的身心障礙同學，因為在生活上鮮少能夠獲得成就感，提攜後進就成了她的成就來源。

但私底下，錢媽跟我們坦承，錢爸疑似也是自閉症患者，只是他高度社會化，所以從未被發現、也無須就醫，且他擔任軟體工程師，對於自閉症而言，輸入輸出各項程式語言確實得心應手。不過，在孩子的照料上，他似乎不願意出力，錢媽懷孕十個月甚至直到生產，他幾乎不曾過問，就連生產當天還問錢媽：「妳生小孩，我一定得去嗎？」

從那時候起，錢媽徹底懂了，這個孩子勢必只有自己上心，錢爸似乎無法、也不願意出力。儘管她一直盤旋著離婚的念頭，但幾年後，錢錢的障礙確診，腦部損傷導致她註定一輩子頻繁癲癇，智力也受損，反而讓錢媽放棄離婚。

錢爸的薪水穩定，雖然不願意肩負照顧錢錢的責任，但至少能夠負責工作，而錢媽則從那時候起就放棄工作，專心照顧錢錢。

錢爸絕非不認這個孩子，他很喜歡錢錢，但錢錢胡鬧時，他沒辦法跳出來扮黑臉，反而喜歡扮白臉，導致錢錢一直衝破錢媽的規定，無法學習規範。

錢錢說最討厭媽媽了，因為她老是管東管西，只有爸爸最好了。

「他哪裡好？就是寵小孩而已，難怪錢錢今天變成這個樣子。」

自從錢錢六歲那年確診腦部問題後，錢爸再也不帶她回老家，似乎認為孩子是「病人」，別讓長輩知道的好。而錢媽的兄弟姊妹原本還會讓自己的孩子跟錢錢一起玩，但後來竟然主動告訴錢媽：「以後妳少帶孩子來找我們，我怕妳孩子的問題會傳染給我們。」

錢媽一氣之下，便與娘家斷了聯繫。

錢錢高中畢業後，學校曾經替她安排去身心障礙者的小作所跟日間照顧中心，不過錢錢個性拗，加上這兩處多採高壓統治，老師嚴肅的樣子總讓錢錢找理由不出門。孩子硬是不上課，錢媽也拿她沒轍，加上錢錢有癲癇問題，而且幾乎一天發作兩、三次，很多機構不敢擔責任，便拒絕讓錢錢參與。

錢媽幾乎走投無路，只好全天候陪伴，自己充當孩子最好的也是唯一的老師。直到注意到我們的活動，她才嘗試性地讓錢錢來這裡上課，發現我們「竟然」不排斥錢錢後，才終於改善她成天與孩子大眼瞪小眼的狀況。

九點半的課，錢媽總是八點以前就會幫錢錢準備好，開車載她出門，在路上塞一個半小時的車，辛苦地抵達我們辦公室。

以往機構都會因為癲癇拒絕，但我們替錢錢安排了「專用扶手座椅」，也邀請其他身障同學合力「照看」，讓她即便發作也能避免跌倒後仰摔傷。起初錢媽擔心我們處理不來，不得不在教室外乾坐守候，隨著我們跟錢錢建立關係、逐漸熟悉，錢媽也越來越放心。

錢錢是社工的小幫手，她會跟所有同學打好關係，除了「勾引」她喜歡的男生的女同學以外。雖然個性嬌了點，但社工說的話她都會聽，當同學有其他干擾狀況時（沒錯，用群魔亂舞來形容我們的課堂也不為過），她也會出言指正。

錢錢進班上課後，錢媽總算可以去找自己想做的事情來做，有時候去喝喝咖啡，或者去找朋友串門子。

直到她決定讓錢錢去動腦部手術，試圖根治女兒的癲癇問題。

然而手術後，錢錢卻變得更加易怒，雖然還能「勉強」克制上課的情緒，私底下生活卻極為失控。她向錢媽表示自己已經長大，不想要再戴媽媽替她親手縫製的「防摔安全帽」，與錢媽走在路上也會恣意暴衝，不想要跟媽媽走在一起。

「我這麼大了，不用妳牽！」

錢錢在家裡更是容易鬼吼鬼叫，還引來鄰居報警，以為發生兒虐情形。她動不動就將自己鎖在房裡，說要有隱私權，不想讓錢媽進去，偏偏她容易跌倒，有時候摔傷還得緊急送醫治療，偶爾談話說到激動處，還會喀地一聲向後倒去，一個月進出醫院無數次。

錢媽時時刻刻提心吊膽，還得受錢錢的各種氣，好像錢錢才是她媽媽，她這個媽完全被踩在腳下，不斷被凌遲。走投無路下，她只好將錢錢送去精神專科療養院住院。

療養院本來不收，畢竟錢錢並不是正統的精神障礙者，是因為腦傷才會情緒失控，但醫師從錢媽口中也知道她已經瀕臨崩潰，便破例收容。

錢媽很感念療養院，而錢錢似乎也知道自己變得「不大一樣」了，對於媽媽決定讓她去住療養院，一度懂事地說：「我知道媽媽受不了我……我願意去住院，我會乖乖的。」

不過，錢媽卻因為思念女兒，只讓錢錢住了一個月就返家。

「我真的沒辦法停止擔心她……她在那裡過得好不好……我看不到，會擔心呀！」

錢錢的情緒沒有改善，回家以後，狀況依舊，除了情緒問題外，癲癇還幾乎一天發作五、六次。

那天錢媽打了電話過來，恰巧是我接的。以往我們的互動不多，她大多跟負責活動的社工討論錢錢的事情，這回卻哭著說她現在跟錢錢在路上，但錢錢甩開她的手，沿路狂奔，每當靠近她，她就會繼續往前跑。錢媽擔心路上的車輛會撞到女兒，不知道該怎麼辦。

我聽錢媽說了前陣子送錢錢去開刀以及療養院的事情，得知她主要都看神經內科處理癲癇，卻沒有就診精神科。我於是介紹了其他精神專科醫院，建議先從精神著手，再慢慢與神經內科整合。

後來見面時，我花了整整一個下午了解錢錢的生命始末，教錢媽該如何與不同科別的醫師溝通，但我更關心的其實是錢媽本身。我並不是用「錢媽」稱呼她，而是直接喊她的「全名」，象徵關注「她這個人」。

「從來沒有人關心我……每個人都只跟我討論錢錢的事情……我丈夫、醫生、療養院……都沒有人關心我。」錢媽哭著這麼說。

她今年六十歲，卻幾乎忘記生下錢錢以前自己曾經多麼快樂，雖然女兒有時候也很懂事，但這十幾年來光處理她的醫療、照顧問題，錢媽已經瀕臨崩潰。

「醫生說她的手術算是失敗了……當時是我執意要讓她開刀的……都是我的錯……都是我的錯……」

我用沉甸甸的力道按住錢媽的下臂，表示理解。

「不是妳的錯，妳只是做出當下覺得最有利的決定。」

後來幾個月，錢錢又進出醫院三次，那是她第一次到以「治療取向」為主的精神專科醫院，透過精神科藥物的輔助，情緒狀況終於有所改善。同一時間，神經內科也整合了精神藥物，錢錢的癲癇雖然仍會一天再犯一到兩次，但至少已經稍加改善。

幸虧之前嘗試接受精神科治療，密集調整藥物，才能有今天的成效。

如今錢錢仍偶爾會情緒失控，但次數與過去相比已經減少許多。我也會與錢媽討論送去機構的計畫，雖然多數機構都以癲癇頻發為由拒絕，但總究有機構願意收容。

「我不知道……但我真的捨不得。」錢媽卻猶豫了起來，畢竟她之前曾將錢錢送去療養院，那段日子她很煎熬。

「想想妳自己。」我說。

錢媽向我點頭，感謝開始有人為她設想。

下次見面時，我提議錢媽要有自己的假期。起初她不懂那是什麼意思，我於是向她解釋。

既然她不高興錢爸光顧著工作，錢錢心情好、表現可愛時才願意跟她玩，情緒失控時就全部推給媽媽。

「有時候妳可以跟他說：『老娘今天請假，晚上才回來。』也可以跟錢錢說好妳今天休假，要她乖乖在家裡一整天。」

錢錢來這裡上課的時候雖然可以託付我們，但沒有課時錢媽還是每天堅持帶她外出走走，她認為這是身為母親應該盡的義務，但衝突往往都會在母女獨處時發生。

「可以這樣嗎？」

「為什麼不可以？」我笑著說。

每次錢媽帶著錢錢來上課時，我望著在外頭等候的她，總想著她遲早有一天得送錢錢去機構，只是那到底會是因為錢媽不得不離開人間，還是終於想清楚要照顧好自己，就不得而知了。

不過，我相信我們到時候會陪在她的身旁，成為她的重要參考對象。

最近我們得知，錢爸也開始承擔照顧錢錢的責任，而錢媽確實有了自己的假期——儘管因為錢爸密集跟錢錢相處，甚至出現了父女倆扭打的情況。

「我一定要送錢錢去機構！我真的受不了了。」錢媽斬釘截鐵地說。

我聽出她心裡的游移，這些話只是盛怒之下的氣話吧。

「那很簡單，我們找一天，妳跟錢爸一起帶錢錢去花蓮玉里醫院，討論可不可以讓她永遠住在那裡。」

錢媽旋即停下了宛如機關槍的牢騷，我知道在她心中，身為母親永遠放不下女兒。

「或者我們可以再試試其他資源。」我接著說。

像錢媽這樣的例子並不少見，雖然我是男性，但也不得不坦承以身心障礙家庭來說，父親往往更抗拒接受孩子是障礙者的事實，會因為否認而延誤就醫，錯失黃金治療期，也較會逃避照顧責任，導致照顧重擔都落在女性，也就是母親身上。

父親選擇逃避、藉口工作遠去他鄉，妻子負氣離去後，父親便把孩子丟回祖父母身邊，這樣的例子比比皆是。

對家屬而言，身心障礙者的身體雖然會隨年歲增長，心智卻不見得跟著成熟。障礙者會想要跟其他人一樣自己做決定、結婚、生子，也不想永遠依偎在父母懷中，尤其心智障礙者永遠停留在「青少年」階段，往往更不容易管教。

除此之外，心智障礙者因為腦部功能受損，與常人相比更容易有情緒問題，錢錢便是一例。

錢媽說過，為了照顧這個孩子，她連自己本來的模樣都忘記了，但當她說出這句話時，我是為她高興的，幸好她心中還有「自己」。

許多身心障礙家庭都會面臨到類似問題，隨著心智障礙者的年歲增長，照顧者也一起變老，落入了「照顧障礙者」的無限迴圈中，從來沒有想過自己能夠離開——如果離開，一定是等到死掉以後吧？

這種身心障礙者與照顧者雙雙變老的情形，我們稱為「雙老家庭」，雖然以往僅稱呼特定障礙類別的心智障礙者為雙老家庭，但我認為多數落入社會福利系統中的身心障礙家庭終將面臨這種情形。照顧者視身心障礙者為永生的羈絆，而那個循環中，只有照顧，沒有自己。

我還想補充一個故事。我們過去也曾經提報一位與老周相仿的模範家屬，難得有男性照顧者得獎，市府便希望他能夠上台致詞，但他在電話中告訴我：「督導，如果非要上台，那我就不去了。」

他不想讓太多人知道他的故事，所以我只能簡單描述。

由於妻子在孩子出生後幾年過世，他一個人辛苦地拉拔兩名子女長大，也把母親跟心智障礙的妹妹帶在身邊，就在孩子長大後，母親卻失智了，妹妹也因為二度障礙而有精神症狀。

高齡九十六歲的母親因為失智而變得健忘，有時候甚至連他這個兒子也忘記了，但卻仍心心念念著妹妹，或許因為那是老母親永生的羈絆，就連半夜也會爬起來檢查妹妹是不是又踢棉被了。母親過度袒護妹妹更是讓他這個哥哥瀕臨崩潰，因此我認為他的照顧事實需要被表揚。

「我會提報你的事，是希望你明白自己所做的一切都應該被肯定，不代表你未來不能讓你妹妹去機構。我知道你媽媽很反對，但未來假設真的忍耐到極限了，你還是有權利送你妹妹走。」

同樣的，我也把這段話送給錢媽。

「哪天妳受不了，當然有把錢錢送去機構的權利。我想讓妳知道，妳絕對還是個好媽媽，只是身為媽媽，妳也應該休息、應該照顧自己。照顧自己是天經地義的事。」

錢媽哭著點了點頭。

「我會把妳的故事寫出來，是因為知道對妳而言，錢錢是一輩子的羈絆，沒辦法輕易放手，彼此的人生必定因此交纏不清，這正是許多身心障礙家庭的寫照。」

那天，我們帶身心障礙者去攀岩館攀岩，我抓準機會向錢媽說明，好獲取她的同意。

「謝謝你願意寫出我們的故事。」她回覆道。

「如果我也跑掉了……還剩下誰？」

小吳今年十六歲，就讀夜間部高中，主要是為了早上能夠工作貼補家用，還有處理家裡一籮筐的事情。

第一次見到小吳，他還只是一整群小蘿蔔頭中的一個，爺爺、奶奶載著一窩大多六到十幾歲的小朋友，一共八個來我們辦公室拿物資。

社工起初服務的對象是小吳的小妹，她跟外婆住，領有智能與肢體的重度身心障礙證明。因為在小妹嬰兒時期，外婆家裡被闖空門，當時外婆跟她的男朋友恰巧返家，竊賊擔心襁褓中的小妹叫出聲來，便用棉被摀住她的口鼻，導致她腦部缺氧而智能缺損。外婆因為自責，所以小妹後來大多由她照料。

外婆疑似是臨界智能的障礙者，男朋友雖然是一般人，但畢竟與小妹非親非故，於是我們便開案服務追蹤小妹有沒有被妥善照顧，如果沒有，就會通報。事實上，我們跟學校確實都發現小妹身上疑似有一些傷口，但無法舉證是不是外婆照顧不周，畢竟她自己也會隨手亂抓。

除了小妹以外，小吳的媽媽是精神障礙者、大妹跟二妹也都是智能障礙者，幸虧只是輕度。

小吳的爸爸自從智能障礙的三個姊妹出生後，照顧負擔很重，便藉口到外地工作，不曾回家。除了爸爸，幾個叔叔、姑姑、伯伯也生下一堆子女，其中有障礙者，也有非障礙者，但他們離婚後都把孩子丟回給爺爺、奶奶照料。

簡單來說，成年人跑了，只剩下兩個老人家照顧一窩孩子，其中將近一半是智能障礙者，另外還有小吳的媽媽這個三十來歲的精神障礙者。

自從外婆將照顧負擔最重的小妹帶回身邊後，爺爺、奶奶的照顧負擔減輕，但能夠做的也就是養活這些孩子罷了，在政府有關部門的社工照看下，好幾年過去，倒也相安無事。

爺爺後來因為年老患病過世，奶奶也因為年紀大了逐漸無法持家，照顧全家的責任便落在小吳身上。

他其實並非最年長的孩子，單純只是因為年紀比他大的堂哥、堂姊，在可以打工、開始有謀生能力以後就搬離了家裡。

我們再度見到他，是因為他媽媽被通報。她似乎在外被陌生男子搭訕，遭人以數十元甚至一、兩百元的價格要求陪睡，小吳擔心媽媽在外受騙，便要她不許外出，因而有送餐的需求進案。

當時的小孩現在變成了家中的主事者，談吐超齡的小吳一肩將家裡的事情扛下，他說道：「沒辦法，現在除了照顧奶奶、妹妹們，媽媽的事情也落在我頭上了。」

其他哥哥、姊姊呢？

「他們全部都跑了，更誇張的是一個堂姊懷孕，回來把小孩生了就不見了。」小吳聳肩道：「社福中心的社工來找我，跟我討論是不是要出養小孩，但小孩不是我的，我也沒辦法做主，幸好奶奶還可以照顧他，不會讓他餓到。我也在想辦法聯絡堂姊，不過找不到人……真的很傷腦筋。」

「其他人都跑掉了？是什麼原因讓你選擇留在家裡，這麼辛苦地照顧所有人？」這種會談主要是希望透過探問原因，讓會談者整理思緒，使他說出自己的能量來源，進而堅持下去。同時我們也會慎選用詞，例如要是用「撐」這個字，無形中也會讓他認為自己是在「咬牙苦撐」。

「如果我也跑掉了……還剩下誰？沒人了，所以我走不了。」小吳說，苦笑道：

「反正習慣了，她們一天一天在長大，會越來越好的——只要我堂哥、堂姊不要再把剛出生的小孩丟回來就好。」

❊　❊　❊

像小吳這種情況在身心障礙家庭中其實並不少見。事實上，一家多口身障者的家庭在社會福利體系中的案件眾多，其中不乏幾個鶴立雞群的非障礙者留在家中，含辛茹苦地照料全家人。具有高齡失能者的家庭亦然，子女知道父母失能後，往往能避就避，只剩下一、兩位願意承擔的人留在家裡。

小吳的故事令人感到心酸。正值青春年華的高中男生變成了一家之主，除了工讀薪水外還得管理全家的補助，一絲一毫都不能浪費，以免月底坐吃山空，還會在月曆記錄下每個家庭成員的就醫註記，記得排休帶家人去就醫。

小吳的爸爸偶爾返家，但回家後往往連一句慰問都沒有，每次都是休假當大爺。小吳敢怒不敢言，他能怎麼辦呢？吼他嗎？有用嗎？他會回來照顧全家人、照顧自己嗎？

我們不時會找小吳的爸爸討論小妹的事情，但他老兄雙手一攤，甚至告訴我們：

「你去跟我兒子講。」因此我們一直都很佩服小吳，也有話想跟他說：「其實你應該逃的，就跟你哥哥、姊姊一樣。」

但這種話只能放在心裡，絕對不適合用社工的角色開口。

「我要證明她錯了」

阿冬今年已經五十多歲了，目前跟罹患失智症的媽媽以及肢體障礙的弟弟一起住。她家一共有六姊弟，她是大姊，而爸爸早年外遇，幾乎都浸淫在溫柔鄉，鮮少返家，即便回家也只會在酒後對媽媽拳打腳踢。媽媽因為受不了爸爸的惡行，毅然決然拋下六名子女離家。

阿冬因此不得不在國中畢業後外出工作，任勞任怨地代替母職，除了家事，弟妹們的午晚餐、隔天便當也都是由她一個人料理。

「我是大姊……不過我更多時候覺得自己像是他們的媽媽。」

「我也受不了我爸，本來想說等到滿十八歲、能夠出外工作時就要逃離家裡，從來沒有想過我會一直留在家。沒辦法，還有那麼多弟弟、妹妹要照顧……」

阿冬的幾個弟妹都是由她一個人拉拔長大，爸爸在媽媽離開後，甚至大搖大擺地將小三帶回家，但小三根本不願意照顧這些孩子，沒幾年就離開了。爸爸因此意志消沉，更不願意負責家裡的事情。

幸虧弟弟、妹妹很懂事，一個個完成學業後也開始工作，才讓阿冬卸下責任，能夠開始過自己的人生。

「我當時有個男朋友，他對我很好，我還考慮過要跟他結婚。」

但那個時候，飲酒過量的爸爸身體健康卻急轉直下，不得不有人照顧。阿冬毅然辭去工作，專心照顧爸爸，即將談成的婚事就這麼吹了。

「我很恨呀！我當然恨他，可是大家都一樣恨他……他們不願意出力，我是大姊，如果我不照顧他的話，難道要把他丟到路邊等死嗎？」

誰能想到，這麼一顧，就是三年。

直到爸爸過世後，阿冬才卸下重擔，這時候弟弟搬回家中，姊弟倆便相依為命。幾個弟妹很感念阿冬身為長姊長期代父職與母職，頻繁返家，六姊弟團圓的日子讓她覺得過去所做的一切總算值得。雖然媽媽離家後與他們六個姊弟鮮少聯繫，但她總認為媽媽應該也過著幸福美滿的日子吧？

幾十年過去，弟弟因為車禍開刀致障，阿冬也積極照顧，只要有空便帶著弟弟去復健，對她而言，照顧家庭似乎就是她的義務與責任。

不料，弟弟致障一年多後，媽媽竟然回來了。

媽媽過去在外頭也曾跟別人交往，這點他們是知道的，不過已經多年不再有消息，這次見面卻是因為晚年失智，所謂的男朋友居然將母親送回老家。

「這是妳媽，你們做子女的應該照顧她。」對方丟下這句話就離開了。

阿冬望著多年來鮮少見面的媽媽，一時之間也不知道該如何是好，只好找來其他手足召開家族會議。

「管她做什麼？」

「她以前拋下我們，現在還有那個臉回來。」

「我先講好，我一毛都不會出！」

眼看大家都急忙撇清責任，阿冬又來了，再次一肩扛下所有責任——既然大家都不顧，那就我來吧。

阿冬又開始了照顧者的生涯，媽媽的失智日益嚴重，幾年過去，似乎也不清楚身邊照顧她的人是誰。

「小姐……妳是誰啊？」

「我是你女兒。」阿冬不厭其煩地說。

「我沒有女兒，我沒有生女兒。」媽媽天真地回應。

「妳生過，只是妳後來拋下我們跑了。」阿冬指正道。

「妳好兇。」媽媽埋怨道。

阿冬便改口好聲好氣地哄她，覺得又好氣又好笑，與其說是照顧年邁的母親，還不如說是在顧小孩。

即便阿冬對媽媽有諸多埋怨，還是任勞任怨地照顧下去，幸好弟弟的狀況日益改善，也復健到能夠外出工作，讓家裡的經濟負擔稍稍減輕。另外幾個弟妹則拒絕出面，也不再返家。

雖然爸媽以前從未盡責，但他們畢竟都是生我們的人呀！

可惜其他人並不這麼想，知道失智的媽媽回來，大姊竟然又當起濫好人，他們趕緊躲得遠遠的，深怕重擔落在自己身上。

後來各種資源一一進入阿冬家，除了居家服務外，還有專門服務「照顧者」的中心，更別說是我們這個專責列管多重問題的身心障礙中心。不過阿冬仍然處在高度壓力下，夜闌人靜時，也會懷疑自己這麼做到底對不對——堅持照顧這個數十年前拋下我們全家的……媽媽？

她帶著這樣的懷疑，卻更賣力地照顧媽媽。

「我要讓她知道，她以前把我們拋棄是錯的。」

但是，她的媽媽永遠不會懂，畢竟她生病了，甚至連阿冬都不認得。

◎ ◎ ◎

在身障與高齡失能家庭中，小吳與阿冬的例子比比皆是。事實上，我們也無須責怪「逃兵」自私，畢竟每個人都有追求幸福的權利，他們單純只是認為離開對自己較有利。於是願意留下來又或者最後一個跑的人就倒楣了，他們往往必須承擔所有責任，將照顧視為自己的天命，照顧到精疲力竭，最後成為另一個病人。

阿冬的故事另有插曲。她其實也受到當地協會關注，協會打著阿冬的名號向民眾募款，我們得知共有三十多名民眾在協會粉絲專頁留言有意捐款，但該協會卻表達「阿冬不願曝光，礙於隱私考量，陳明由協會代為轉交善款即可」。

阿冬告訴我們，她並未從協會手中獲得民眾的善款，而且協會家訪時甚至偷拍，未經同意就曝光她的照片。

我們請阿冬先要求協會撤下文章，對方如果拒絕再換我們介入。協會起初已讀不回，得知阿冬已經告訴我們後才撤文，但對於民眾的捐款，卻聲稱是捐給協會，並非捐給阿冬。當我們準備進行下一步動作時，阿冬選擇息事寧人，她「寧願」相信即便自己沒收到善款，協會也會轉交給其他更需要的家庭。

事實上，坊間確實有不少類似的惡質單位利用這些感人的故事私收捐款，中飽私囊，款項卻從未進入弱勢家庭的口袋。

後來阿冬在我們舉薦下獲選為模範家屬，卻在一年後因為照顧壓力過大，開始產生精神症狀，甚至危及母親，我們不得不通報公權力介入。最後，阿冬雖然心不甘情不願，但也總算讓失智的母親進入日間照顧中心，自己則順勢返回職場工作，後來，因為長期的照顧壓力，她也不得不前去精神科報到。

然而，她對我們自始至終的關心，或說近似於「檢查」照顧品質的關注產生了不悅。

「一定是你們通報出去的，為什麼你們要出賣我？」她一度質疑道。

當外人質疑她的照顧品質，似乎就在質疑她為這個家全心奉獻的心意一樣。

他所做的一切無非是為了家人

老張在各社工單位之間聲名狼藉，主要因為他脾氣不好，動不動就發飆。

他罵過不少人，包括居服員、居服督導員、長照專員、社福中心的社工、區公所辦事人員、家防中心社工等，就連專發善款的愛心單位他都罵。

外人對他的印象就是四處要錢、不事生產，掌握了家裡所有的補助，竟然還讓精神障礙的前妻、中度智能障礙的小女兒，還有同樣是極重度智能障礙的大兒子與二兒子去家門外的騎樓賣口香糖。

老張的腎臟有問題，還有焦慮症，特別容易因為細故感到焦躁，控制不了情緒。

我初次家訪時，他也對我很失望，要錢沒錢，還死皮賴臉地說來關心？關心能當飯吃嗎？

不過我沒有放棄，固定兩、三個月就去他家一趟，當他罵人時給他消消氣，開導他「換位思考」。

「不是呀老張，你講話老是這麼大聲，別人會以為你要吵架呢！難怪他們不給你好臉色。」

「你現在是說他們給我擺臉色是我的錯囉？」一開始他也會對我發飆。

「不是啦，大家都有錯，既然這樣，那就扯平啦！」

「可是我是生病耶！醫生說我是神經分裂！」

我想老張是口誤，但無關緊要也就沒有糾正，繼續說道：「但人家也是出來混口飯吃的啊，你這樣吼人家，難怪他們沒辦法慈眉善目跟你講話。」

「對啦，就你脾氣最好，罵也罵不走。」

「當然罵不走啦！你看，你們家每一個都是身心障礙者，出事怎麼辦？我可擔不起，當然不能走。」

老張四處跟人要錢、要補助，給不出來的他就罵，居服員稍微不上心他也罵，說人家混吃等死亂搞服務。去申請補助時，承辦人員臭臉他會罵，說對方看不起他；陪笑臉他也罵，說是在嘲笑他；面無表情他同樣有話說，說好像機器人，一點感情也沒有。在陣陣罵聲背後，我拚命幫他擦屁股，向有關單位解釋他情緒控管不好，請大家多擔待。

一次個案討論會上，各個單位都對老張一家憂心忡忡，畢竟他跟每個單位的窗口關係都不好，也有單位懷疑他亂花補助，根本就是利用一家的弱勢情形在跟有關單位索要資源。

他們語帶質疑地問我為什麼跟老張的關係這麼好？難道我都不知道他過去搞出來的事情嗎？

我搖搖頭，表示我都知道，接著說出了我尊敬老張的原因。

老張跟前妻育有三名子女，大兒子跟二兒子都是極重度智能障礙，小女兒則是中度，夫妻倆當然沒辦法負荷龐大的照顧壓力，以致兩個兒子在高中特教畢業後就在學校協助下送去中部的教養院，小女兒則帶在身邊。

或許因為照顧壓力大，前妻一直有酗酒問題，老張受不了前妻飲酒後性情大變，早早選擇離婚，離開家獨自生活。

即便老張與前妻離婚，他們仍然定期去中部看兩個重度智障的兒子，卻發現教養院的老師疑似虐待孩子。兩人向教養院及地方政府舉報，但當時沒有所謂「媒體踢爆」，加上公營單位官官相護，結果根本沒下文。

夫妻倆摸了摸鼻子自認倒楣，把孩子接回來自己照顧。

幸好兩個兒子還算乖，在家裡偶爾吵鬧罷了，後來前妻便帶著三個已經將近三十歲的孩子賣口香糖，老張本來考慮要回家，卻被前妻拒絕。

他們兩人完全不對盤，一見面就吵架，何況住在一起？

但老張還是掛心孩子，每天下工後都會繞去探望，只是跟前妻總是講個三、五句話就又吵起來。

後來老張也因為腎功能出問題而領到身心障礙手冊，慈濟的師兄、師姊告訴他，前妻這幾年精神狀況越來越差，藥吃得很重，不時昏昏沉沉，照顧孩子的品質也如同溜滑梯，幾個孩子老是有一餐沒一餐，老張聽了便毅然決定「回家」。

老張一個人控管家裡所有補助，說多不多，說少不少，我猜想大概也有部分匪類掉了，他坦承面對家裡一窩身心障礙者時，會拿補助去唱卡拉OK。但說真的，房租跟生活費基本上就去掉一半，他又能浪費到哪裡去呢？

他不願意一塊擺攤賣口香糖，說是因為自己好手好腳，會讓攤位「看起來不夠可憐」，拖累生意，所以他主要的工作是幫忙鋪貨、補貨，還有處理家事讓他們無後顧之憂。他聲稱賣口香糖的收入都跟他無關，這一點小妹確實可以證明。

老實說，他自己一個人在外逍遙自在，也足以靠補助吃穿，但最後卻還是選擇回家。很多單位認為他拒絕讓孩子去教養院，是想要把補助抓在手上，因為一旦去教養院，補助就會移轉給機構，但我並不這麼覺得。談到過去大兒子與二兒子「疑似受虐」的情況，除了老張，前妻跟小女兒也會在一旁答腔，感到憤恨不平，捨不得再讓兩個大的去機構。

其他單位對於我沒有跟他們一起指責老張的不是感到很意外，最後下了一個結論：既然我們關係這麼好，那麼以後如果他們跟老張有衝突，就麻煩我來調停，或者有什麼新服務要推，就讓我來主談。

我答應了。

從此之後，老張跟哪個單位鬧不愉快，我就出面幫忙緩頰、調換，換著換著，終於讓他換到滿意的居家服務單位。任何新單位進去的第一次家訪我都會陪在旁邊，敲邊鼓、說好話，大家不想陪他去辦文件，也一律由我跟他一起去。

說也奇怪，老張跟我在一起時不會沒事對別人大小聲，有次他在公所甚至用全辦公室都聽得到的音量跟大家說：「這個王督導很照顧我們家，我上次來對大家發脾氣，很抱歉！幸虧這次王督導陪我來，我就不發脾氣了。」

我還以為會獲得全場的掌聲呢。

不過，老張的二兒子後來因為腦瘤過世，半年內，小女兒也發現腦部長腫瘤，還好救了回來，老張又因為中風不得不送往機構照顧，大兒子更因為跌倒撞到頭猝死，這些事情全都在同一年內發生。

我依然看顧著他們家，雖然一家之主變成了智能障礙中度的小女兒，但幸好各項資源運行順利，小女兒、前妻目前仍平安無事。當然我跟其他單位也做好了心理準備，如果哪一天這個家再度發生狀況，最後可能就不得不拆散、全數安置，讓他們各自入住不同的機構。

最近老張在機構似乎不太安分，他拒絕復健，偶爾也會絕食抗議。老張向護理師表示想要回家跟「大家」團圓。他擔心前妻精神重病、無法接受，隱瞞了二兒子過世的消息；前妻也擔心在機構適應不良的老張無法接受，隱瞞了大兒子驟逝的消息。老張雖然與前妻不對盤，但在生命最黑暗的時刻，他們卻仍顧慮對方的情緒。

小女兒擔憂地問我該怎麼辦，她當然希望爸爸能夠回來團圓，但也知道他現在臥床，無法自理，自己根本沒辦法再多照顧一個病人。但即便她身為家裡的一分子，卻始終無法與老張溝通。

「找個時間我們一起去看妳爸爸吧。」我提議道。

「可是王哥哥，爸爸他在很遠的地方耶。」

「沒關係，再遠我都會去。重點是你爸爸不會隨便對我發脾氣，我去跟他講看看好了。」

⁂

我之所以還願意相信眾人嫌惡的老張，單純只是因為他選擇回家、沒有逃走而得到了我的尊敬。

他或許確實是那種沒事怒罵社工、一不開心就大聲怒吼的兇猛個案，但他同時承受著鄰居的壓力。附近鄰居都對老張家極不友善，認為他家門口擺回收會影響市容，幾個重度障礙的大孩子有時候也會發出怪聲，是一戶讓人退避三舍的「怪鄰居」，他們都不解，為什麼政府不強制把所有人送去機構呢？

然而，即便大家都失能需要協助，但他們畢竟是一家人，唯有互相照顧才能夠維繫整個家的團圓——他們想要的就只是全家相互依偎，再苦，又如何？

老張跟附近的托兒所談好，將中午的剩食留給他們家，不過一家五口吃不了太多，老張就每天跟小女兒騎著機車四處分送給弱勢家庭、弱勢老人，即便颱風天也照送不誤。

「我們吃不完，但有很多人跟我們一樣沒東西吃，我們還有手有腳，就給人家送去。」老張是這麼說的。

老張去機構以後，也有鄰居主動跟小女兒接觸，代替老張跟她一起去分送剩食。

「很抱歉以前你們家被欺負時，沒有幫你們講話。」鄰居說。

老張對警察也沒有好感，除了因為擺攤不時被取締外，他的孩子還曾因哭鬧被鄰居報警，警方到場後卻直接給大兒子一記過肩摔。

「我小孩是智障、不懂，但也沒必要摔他吧！」

有次，老張失竊的機車遭人拿去作案，警方來電要求老張前去派出所說明。我想陪他做筆錄卻被警方拒絕，說我不是家屬，無法陪同。我改口要求等到法律扶助基金會律師到場才進行筆錄，但警方又以要等上好幾個小時為由，暗示老張最好不要申請律師。

老張勉為其難地同意了警方的要求。

我跟老張表明那是他的權利，我一定會陪他再走一趟法扶基金會委任律師。

我望著承辦員警，他吞了吞口水。

事實上，弱勢身障者常常會因為學問與知識不夠，在各種案件的筆錄上吃悶虧，有些精神障礙者甚至在報案時受到刁難，說什麼非得要家屬出面，否則無法受理。

我們要的只是老張能夠獲得程序正義，被當成一般人那樣看待。

身為全家相對正常、最能跟外界溝通的一家之主，他面臨著環境的不友善，卻仍然咬牙隱忍。房東最喜歡在喝醉酒時跟他們收租，每個月都揚言要提高租金，你說老張貪心想要補助又有什麼錯？他畢竟得帶著全家人生存下去。

他總惦記著每個孩子什麼時候要回診，就連遠赴數十公里外的機關辦文件時也把大兒子帶在身邊。

「王督導歹勢，這個孩子我不在身邊會吵，只好一起帶來。」

他可能不是傳統價值中的好父親，但他也盡力做到最好了。

那還輪得到我們這些外人說三道四嗎？

久未返家的她們

阿黎來自越南，今年三十一歲，育有一名四歲女娃。她的丈夫今年五十歲，天生有小兒痲痺，過去在都市工作，不過隨著年紀越大，越難找到雇主願意聘用，便回到山區老家。而像她們一樣的新住民配偶，在偏遠山區比比皆是。

阿黎的丈夫前陣子在鄰近的工廠打零工，汽車壞了沒錢修理，只好每天徒步去廠房。事故當時天雨路滑，腳部有障礙的他失足滑倒，沿著山坡往下滾，直到撞到山壁才停下來。他出院返家後，幾乎臥床無法自理，畢竟身上多處骨折，預估要靜養一段時間，但這還不是最壞的——他因為住院期間檢查，才得知罹患大腸癌末期，時日所剩不多。

丈夫以前曾經有一段婚姻，但阿黎並不清楚細節，只知道最後妻離子散。

「妳丈夫人好嗎？」妻離子散……出於好奇，加上我見阿黎談論丈夫時似乎不帶感情，於是試探地問了問。

阿黎緊張地往房間一探，丈夫正熟睡。

「他對我很壞，我猜他對以前的老婆、小孩也不好。」

「怎麼個壞法？」

「他動不動就發脾氣，有時候還會想要打我……我得要跑給他追。」

我猜或許就是這樣，前妻才會與他斷了聯繫吧。

「妳怎麼沒有被打跑？」我問道。

「妹妹還小，我跑不了，等妹妹大一點。」阿黎苦笑道。

「妳家裡人知道這些事情嗎？」每當與女性會談，我總會詢問她們與娘家的連結，畢竟娘家的親屬才是她們「真正的家人」。

「我好想家。」阿黎告訴我：「還好現在有網路，我常常跟他們視訊，不過來台灣後就再也沒回去見過爸媽了。」

那是我第一次在工作上接觸新住民配偶，因為阿黎的經驗，後來我只要家訪到新住民，一定會多問她們遠在數百、數千公里遠的娘家——她們多久沒回家了？

阿黎還告訴我，或許因為假結婚來台的新聞層出不窮，加上確實有新住民配偶拿到身分證便不見人影，所以外人給她們貼了很多標籤。

阿黎丈夫一發生事故，她就聽過鄰居在她轉身離去時議論：「我們打賭阿黎多久以後會帶妹妹跑掉？」

好像阿黎聽不懂中文一樣。

「可能因為聽見他們這麼說，我就更告訴自己不能跑。」

「但妳想跑嗎？」

阿黎不安地望向我。

「我沒說妳不能跑，不過我希望妳跑的時候要告訴我，讓政府可以及時介入照顧妳先生。」

阿黎點點頭。

她沒有說出口，她知道自己不能說出口，但她其實早就想離開了。

兩個月後，我從旁得知阿黎的丈夫過世，便打電話過去關心，她告訴我：「我們終於解脫了，我要帶阿妹下山生活。」

另一座山頭，還有一個阿芸。

阿芸來自印尼，十八歲嫁到台灣，她說因為家裡真的很窮。

阿芸家裡一共有六個小孩，她是二姊，來台灣後，媽媽又生了兩個。當時二十歲的大姊準備嫁到台灣，她也被婚姻仲介看上。

「妳這個女兒十八歲了，也可以嫁。」當時的法規不像現在，對於年齡的要求較為寬鬆。仲介所說的嫁，還更像「賣」。

幾個禮拜後，仲介帶來另一個家庭，也就是陳家。

陳家在當地經濟相對富裕，最小的兒子是智能障礙者，掌權的母親——也就是阿芸後來的婆婆——便想要替小兒子找個媳婦。小兒子的幾個兄姊早已離開山區自組家庭，鮮少回家，他們也認為應該替小弟討媳婦，這樣等到長輩衰老後才可以接手照顧。

買一個外籍新娘，再送一個外籍勞工，太值了！

阿芸後來生的三個孩子，大女兒跟二女兒都是輕度智能障礙。她壓低聲音，說那段日子真的很苦，婆婆貶低她，怪她怎麼都生出智障。

「拜託，那個智能障礙的兒子不是她先生出來的嗎？」我不以為然。阿芸趕緊制止，怕我太大聲。

幸好，第三個孩子是個男孩，而且是「正常人」。

真是舉國歡騰。這是我心中冒出來的第一個念頭。

阿芸的兩個女兒都貼心懂事，她在家裡總是被當成外勞看待，燒菜、煮飯、洗衣都是她一手包辦，幸好女兒漸漸長大，也會一起幫忙。

「這個家就我最沒地位，但是她們也沒有好到哪裡去，總是會被其他堂哥、堂姊笑笨。」

我這一趟的重點是阿芸的二女兒，她剛進行身心障礙重新鑑定，政府評估人員認為媽媽的照顧壓力很大。不過阿芸表示照顧兩個女孩的壓力還好，真正的壓力主要來自公婆，還有對她態度惡劣的丈夫。

輕度智能障礙的丈夫會學母親的口氣，認為這個老婆是便宜買來的，便時常對阿芸大呼小叫，甚至說她很「笨」、「沒用」。

丈夫總是四處遊蕩，跑得不見人影，拿了婆婆的錢便四處買零食、飲料，找不到回家的路還知道攔計程車，直到晚上才回來，茶來張口、飯來伸手，好似快活大爺。

後來，我逐漸跟阿芸熟稔，她才提到丈夫求歡也特別粗暴，近幾年她藉口孩子想跟她睡，才終於減少跟丈夫行房。

「妳婆婆沒有意見？」

丈夫當然也把阿芸拒絕行房的事情稟告母后，皇太后簡直氣瘋了！還好阿芸集萬千寵愛的小兒子跳了出來，說就是想跟媽媽睡，不然睡不著，總算平息了太后的怒火。據說當時婆婆三天兩頭就要她罰跪，她曾痛苦得想要一了百了，但想到幾個孩子還小，就覺得必須堅持下去。

「不過他有時候還是會強迫我。」阿芸開口道。畢竟我是男性，她一邊說的時候，眼神一邊游移，但我更多時候認為社工應該是沒有性別的。

「妳可以告他強暴。」

「可以嗎？」

「可以。」我再肯定不過，告訴她發生類似的事情時，不管是打110或是113都行，只不過轄區派出所跟陳家關係好，所以最好還是透過113讓案件進案，警方會更積極處理。

阿芸跟鄰近新住民配偶沒有往來，因為婆婆嚴格禁止她跟同鄉接觸，理由是擔心她交到壞朋友。我來自政府單位，又藉口關心智能障礙的兩名孫女，便成為婆婆防堵媳婦與外人接觸的破口。

說真的，阿芸把兩名智能障礙女兒照顧得很好，大女兒高中就讀美髮，雖然反應比一般人稍慢，但肯做肯學，畢業後沒多久就找到工作了，只是遠在山下，婆婆似乎也有意見，最後只好告吹。

阿芸告訴我，等到弟弟再大一點，她想要帶著三個孩子搬離山上。

她嫁來台灣十七年，從來沒有再見過父母，她甚至沒有手機，婆婆不允許她有手機，以免被什麼資訊「汙染」，我跟阿芸聯絡主要是透過大女兒的手機。

「我自從嫁到台灣以後，從來沒有回過家，也只有聽過爸媽的聲音幾次……上次我打電話給媽媽，她一直跟我對不起，說對不起她害我嫁得好苦、好苦。」阿芸哭著說。她焦急地擦了擦眼淚，擔心晚點被婆婆發現，我要她不斷深呼吸，好讓情緒安定下來。

「妳姊姊呢？她不是也嫁來台灣？妳有沒有跟她聯絡？」

「她也一樣嫁給智障的……」不過阿芸還是很樂觀，這是她生存下去唯一的希望。

「但我很高興，她過得比我好，小孩滿十八歲以後，她就跟丈夫說要離婚了。」

「那妳以後離開山上就可以去找她了。」我說道：「妳一定要加油！」

「我會加油……我好想去跟姊姊住。」

阿芸要我別再說了，不然她又要哭啦！

部分新住民配偶嫁進身心障礙家庭，多數是因為家中長輩想要替障礙者傳香火，同時也希望「買來」的媳婦能夠承擔日後照顧的責任。極端一點的，就像阿芸一樣被公婆限制自由，甚至不許持有手機、與同鄉建立支持關係。

她們一旦產下同樣身心障礙的子女，情況更是雪上加霜。身心障礙子女本來就需要家屬格外費心，孩子便成為她們永遠無法逃離的枷鎖。更可怕的是，鄰居往往還會「好心地」替台灣同胞監視，這種情況在非都會區更加明顯，造成整體社區對待特定新住民加倍不友善與歧視。

她們離家多年，對家人懷抱著又愛又恨的情緒——被低價「賣」到台灣，又思念著「家」，因為夫家未必能給予她們家庭的溫暖，就算將未來寄託在子女身上，他們若被爸爸以及爺爺、奶奶洗腦，甚至也會開始對媽媽不客氣。

雖然台灣以平權自居，也號稱是對外國人友善的國家，但對象似乎僅限白人，對來自東南亞的移工並不友善，導致職場暴力與逃逸移工屢見不鮮。而在家庭內的各種暴力，無論是精神、肉體甚至性暴力，更是新住民配偶會遭遇到的悲劇。

她們確實是在身心障礙圈子中，最容易被忽視的一群人。

故事的完美結局

小紅帽的故事其實還有後續。

我在離職後仍與小紅保持聯絡，她創辦了一個臉書社團，跟姊妹淘分享小帽的點點滴滴——原來我也是姊妹淘等級的。不過幾年後，她無預警地關閉了社團，我曾傳訊息關心，但並沒有得到回覆，直到幾年後她才打電話過來。

還記得我借給小紅幾套漫畫跟動畫嗎？她開車把漫畫送還了回來，也還我一組外接硬碟。

「小帽看完了嗎？」我問道。

「看完了。」

「他最近還好嗎？你們的社團關了？」

「沒事。」小紅藉口還有其他地方要去，匆忙地離開。我隱約覺得哪裡不對，但她既然沒開口，我就不主動問了。

那幾年小紅換了幾次電話，手機的 LINE 一直跳出通知，她每次換號碼都會把我加入通訊錄。

後來小紅再度打電話給我，約我出來喝咖啡。

談話中，她沒主動提起小帽，我也識相地沒開口問。她問了我現在的工作、家庭還有生活狀況，當時我已經開始跑馬拉松，也會跟她分享運動的好處，我問她現在住哪裡？要不要陪她一起開啟「運動人生」？

小紅沉默了好一會兒。接著說：

「我要去新加坡，應該不會再回台灣了。」

我嚇了一跳問道：「什麼時候？」

「下個月。」

「小帽怎麼辦？」我脫口而出。

「我一直沒告訴你……小帽他後來能夠講話，但就只是能夠講話而已。他可以靠自己的力氣翻身，但因為躺太多年了，沒辦法坐起來，更沒辦法走路……我已經跟他結婚二十年……已經夠了。」

我沒有回話，讓她繼續說下去。

「小帽的媽媽前幾年過世，我還回去替他們家處理後事。我後來告訴小帽的弟弟，老娘不幹了，現在小帽要交給他們，他弟當然連個屁都不敢放，畢竟老娘苦了快二十年。小帽的弟弟後來把他送去機構，你知道嗎？你家離小帽住的機構好近……我每次來看他，都會猶豫要不要告訴你，我怕你覺得我很狠心，竟然丟下小帽。」

「我不會覺得妳狠心。我那時候以為小帽醒來以後沒幾年，應該會慢慢變好……應該可以變回生病前的樣子。」

「我也以為……我也這樣以為，但是，他沒辦法……我也要為自己著想。小帽去機構後，我一個朋友的外國客戶帶家人來台灣長住，外國奶奶想找看護，我朋友想到我照顧小帽這麼多年，便推薦我給外國客戶。我平日照顧外國奶奶，假日則去機構看小帽。後來奶奶過世，這個客戶說他也有朋友想找看護，把我推薦給人家，不過對方住在新加坡，邀我過去。開的薪水很高……因為病人很年輕，應該顧個好幾年跑不掉，我想說以後乾脆移民過去。」

「所以……」我不知道該不該開口，但終究還是問了，或許因為我當時以為那是最後一次跟小紅說話。

我問道：「妳跟小帽……離婚了？」

「我前幾個月談好新加坡的事情以後，去機構跟小帽說，我要跟他離婚。我本來還在想，如果他又哭的話，我應該就走不了了……結果他跟我說……」小紅開始忍不住哭泣。

「小帽他跟我說……跟我說……『謝謝妳，妳早就應該跟我離婚。』」最後我們兩人哭成一團。

小紅出國前兩天再度約我出來。她才剛看完小帽最後一眼，告訴他這輩子他們或許不會再見面了。

小帽則對小紅說，下輩子如果他不會再生病，希望他們還會再見。

「誰想再見到你！你這個愛哭鬼，下輩子再見啦！」最後小紅對我說：「我是要來跟你說再見的。」她笑著，燦爛地笑著。

「祝妳一路順風。」雖然小紅那時候已經四十多歲，但或許是因為總算無須再承擔照顧的責任，她彷彿年輕了好幾歲，我於是開了個玩笑。

「妳看起來還是很年輕，搞不好會再找到新老公，但下次別找太認真工作的，會過勞喔！」

「你講話有夠白爛耶！」

我目送小紅離去，夜裡，她的影子拉得好長、好長。嬌小的她肩負起所有，似乎變成巨人，就像她的影子一樣。走過另一盞路燈，她的影子又變得好小、好小。她終於變回自己了。

「下輩子見！」小紅回頭喊道，似乎知道我會一直目送著她離開。

⁂

我從來沒有跟任何人、任何同事或服務對象說過小紅帽的「真正結局」。

事實上，以身心障礙者小帽而言，摯愛拋下自己離去，或許是 bad ending，不過對於照顧者小紅來說，卻總算可以開啟自己新的人生。

她會後悔在小帽身上蹉跎了二十年的青春歲月嗎？我想答案是否定的。那二十年，她一定也使盡了全力，灌注了全部的愛，否則小帽也不可能奇蹟似地醒來。只是他的甦醒宛如一道彩虹，絢麗僅有一瞬間。

我們該如何定義故事的結局是好還是壞呢？其實我們旁人如何定義都不重要，重要的是，故事中的兩名主角都選擇接受。小帽或許早已不捨妻子的付出，但當時即便開口，小紅也未必願意離開；而小紅終於選擇重新開始，但也確保小帽的弟弟願意接手，丈夫的後半輩子有人照料。

這是一個不能向服務對象明說的故事，因為社工總是在最低潮時走進他們的生命，要是聽到這樣的結局，他們或許會因此對未來感到絕望——你們看，植物人醒來又如何？最後還不是被丟到機構去。

因為小紅帽的故事，我才真正明白現實生活不是童話，不可能有人人都滿意的快樂結局，但我們社工還是有機會在服務對象的生命中，陪伴他們見到彩虹。

我們雖然只是服務對象人生中的過客，卻也可能是他們生命中重要的旅伴。

社工做的，就是陪他們走過人生最黑暗的那一段路，僅此而已。

專欄

「照顧」與「被照顧」都是必經之路

從二〇一八年三月起，台灣的高齡人口已達高齡社會的百分之十四．〇五，預估二〇二六年將達百分之二十以上，換句話說，我們即將進入超高齡社會。根據中華民國家庭照顧者關懷總會的調查，台灣照顧者的平均照顧年資將近十年，也就是每一名照顧者平均需要照顧失能者十年才能夠卸下照顧責任。

勞動部調查有高達兩百三十萬名勞工在職同時也肩負照顧責任，每年更有約將近十八萬人「因照顧減少工時、請假或彈性調整」，也有多達十三萬人「因照顧離職」。這樣的數字高達日本的五倍，顯見台灣目前在長照十年以及長照2．0的推動下，雖然已經發展出越來越多樣化的照顧菜單，但照顧失能者仍對照顧者的生活產生一定程度的影響，必須因應照顧而做出各種「犧牲」。

根據行政院二〇一三年一月公布的《國民長期照護需要調查》，百分之十五的照顧者反映在施測一週內有憂鬱的情形發生；其次為將近百分之十四的「日夜作息顛倒」，再其次為「恐懼或焦慮」、「妄想或幻覺」及「語言攻擊行為」，總計將近百分之三十的照顧者近期都發生此類情形。再者，照顧者負荷方面，有百分之四十反映有「經濟上的負荷」，不得不為了照顧而辭去工作或者縮短工時；其次百分之三十四為「社交活動受到限制」，畢竟照顧幾乎沒有一刻可懈怠，他們被迫減少或不再外出，最後漸漸失去了與外界的聯繫；在擔憂的部分，也有高達百分之三十三會「煩惱個案的改變」以及自陳「無法承受照顧壓力」。

綜合來看，長期照顧者有超過百分之五十的比例，都因為照顧產生了一定程度的生活壓力。其中更值得注意的是，這項數據包含身心障礙者與高齡老人，如果單獨計算身心障礙家庭的照顧者負荷，照顧年限恐怕更高、更長，畢竟當一名先天身心障礙者誕生，老父母可能到了八、九十歲死亡時才能夠完全卸下照顧重擔。

再把焦點轉回身心障礙者身上，前面已經提過不同身心障礙者與照顧者的故事，這次就讓數據來說話。行政院於二〇二一年公布的身心障礙者生活調查中，顯示有百分之三十一的身心障礙者「部分生活需要協助」、百分之二十六則是「無法獨立自我照顧」，總計「生活需要協助」的身心障礙者高達百分之五十七。

社會性層面的調查則揭示，身心障礙者在國中求學階段竟然有高達百分之二十五曾經受到老師及同學的歧視與不友善對待，幸好在升上高中及大學後，比例微幅下降至百分之十四。身心障礙者的日常中，也有將近百分之十在近一年內仍「偶爾會」及「經常或總是會」受到不友善與歧視，其中又以較明顯被辨識的顏面損傷者占多數，聽覺及聲語障礙與精神障礙者次之。更令人難以想像的是，有百分之二的身心障礙者曾在一年內遭遇過人身安全威脅事件，如恐嚇、跟蹤、虐待、性騷擾與性侵害等。

我們可以說，照顧者除了承擔生理上的照顧壓力外，也與身心障礙者共同面對社會的不平對待，更別說身心障礙者還容易因為能力限制，被不肖分子利用，捲入犯罪與債務。照顧者要不承擔照顧責任、把屎把尿，擔憂身心障礙者退化，就是擔心他們外出時遭人欺負、被人利用。

他們承受的壓力與高齡失能者相比，或許更甚。

你可能會覺得這一切都很遙遠，也或許跟你八竿子打不著，實際上，成為照顧者，是我們一生中不得不面對的事實。每個人都會慢慢變老，也不得不走上失能的那一哩路，但首先，我們會成為照顧者。

回頭看看你的父親與母親，我們會先成為他們的照顧者，若還有嬰幼兒需要照顧，在父母年老時，你恰恰成為夾心餅乾，這就是三十歲至五十歲的「三明治世代」青年必然遇到的困境，擔憂經濟，同時也必須面對照顧一家老小的重擔。

在台灣以往的農村社會，一對父母生下四、五名子女比比皆是，人多雖然不一定好辦事，但至少比「兩個恰恰好」的八〇後世代輕鬆不少。面臨少子化，甚至無子化的嶄新世代，你可能需要同時照顧爸媽以及公婆（或岳父母），畢竟除了你們夫妻倆，已經沒有其他手足可以協助了。

不談別的，以我自己為例，家父日前腦瘤開刀，在確認病情後的兩週內說服他開刀、在院陪伴、開刀的等候以及術後照顧等，長達三週，我幾乎都處在焦慮中，每當手機亮起背光，就擔心是家人、醫院或者看護打電話告知有緊急狀況得處理。一年以前，家母也曾經因為情緒問題自殺送院，幸運出院返家後，我仍因為擔憂她老人家再度想不開，終日惴惴不安。那時我才驚覺自己已經到了開始承擔照顧責任的年紀了。

長期照顧，原來已經離我這麼近。

雖然高齡失能者與身心障礙者的照顧負荷短期內難以改變，但我們可以轉換角度，從自身做起。世界衛生組織於二〇〇二年針對全球老化問題提出「活躍老化」方案，希望延長健康時的平均餘命，並提升老化過程的生活品質。依照衛生福利部二〇二一年公告的「國人平均壽命」扣除「平均健康餘命」，得出台灣人平均臨終前臥床七．五六年，這項數據已經從前幾年的高峰八．〇四年略為降低，但這些失能者高達八成是由家人照料，負擔之重，可見一斑。

《康健雜誌》在二〇二二年九月份更是幽默地提到，台灣社會與照顧者最相關的獎項是孝行獎，但孝行獎得主的故事根本是「比慘」的。我回頭看了看過往提報的模範家屬表揚，心有戚戚焉。幸好政府在二〇二二年也調整了孝行獎的分類，除了以往單純陳述悲戚照顧者的故事外，也獎勵式地分成不同組別，有表揚長期犧牲奉獻的「長期照護組」、善用照顧資源的「善用資源組」、除了照顧外也活出自我的「自我實現組」、表揚手足親友共同照顧的「同心協力組」，以及將照顧之愛推己及人的「顯親傳孝組」。這般調整，顯示了絕非犧牲奉獻的照顧者才值得被表揚。

說了這麼多，我們可以怎麼做呢？既然成為照顧者是必然會面臨到的階段，我們現在能做的，就是勤運動、調整生活作息、關注飲食、「少」吃垃圾食物（不吃實在太困難啦！），讓未來遲早會面臨到的長照變成短照，也讓我們不幸失能時能減輕家人的照顧負擔，同時儲備能量，讓自己能夠在照顧家人時保持健康。

這也是近幾年政府大力推動國民運動中心，民間單位也開始針對銀髮族與身心障礙者設立健身主題中心的原因。長照服務協助照顧需求較高者，運動就成為青壯年未來面臨失能時，減輕照顧者負擔的另一解方。

已經發生的事情難以改變，目前承受高度壓力的照顧者，如果是你身邊的親朋好友，請你多加關心他。他們未必能夠外出參與社交活動，照顧上的困境也或許難對外人啟齒，但你可以打個電話給他，甚至登門拜訪，去理解、探望他，問問有什麼是你幫得上忙的。

陪伴勝過一切，照顧者與身心障礙者一樣，他們最需要的，通常就是「陪伴」，必須讓他知道自己並不孤單，我們沒有將他丟下。

如果可以，鼓勵他使用長期照顧資源吧！孝順並非事事親力親為，關於照顧，更好的是交給「專業」。畢竟我看過太多人因為某些事後看起來並不重要的堅持，拒絕外界所有服務，最後，家中的照顧者也成為了失能者。

通常初次開口溝通引介照顧資源時對方會拒絕，就像家父也同樣拒絕我。不過，一次不行，那你有沒有試過兩次呢？如果兩次也不行，那就試個十次、甚至上百次吧！其中一名服務對象的家屬在我不斷「推銷」六年以後，才總算願意使用照顧資源，但我仍然感到慶幸，畢竟遲到總比不到好。

第4章

社工是人，不是神

「社工是人，不是神。」督導這麼說，是為了讓社工明白：我們並非萬能，無法像神一樣總是讓每個人滿意。

因為年輕社工往往滿腔熱血地投入工作，但實際工作以後才發現沒有這麼容易，畢竟處理「人」的工作總有許多變數，於是會因受挫而自我懷疑。除了服務對象當下面臨到的問題可能積累了數年甚至數十年，本來就不是一朝一夕能夠輕易解決外，服務對象也容易對無法迅速處理問題的社工產生意見與埋怨。

社工一向是留不太住人的產業，而且有極高的斷層，很容易見到一間社福組織的辦公室除了主管以外，清一色是畢業三、五年內的年輕小夥子。坊間更是謠傳社工能夠在職超過三年，代表他不會再離開社工界——這也表示有更多人三年不到就此離開了社工界。

當服務對象初見年輕的社工時，很常會這麼說：「講了你也不懂啦……你這麼年輕，我看你大概連婚都沒有結，跟你講我先生的事情，你怎麼可能會懂？我吃過的鹽可能比你吃過的米還要多耶！」

我們總是會遇見這種服務對象，他真心覺得我們年紀太輕、不懂社會事。但等到我資歷越來越深，便推敲出第二種可能性。

服務對象遭遇挫折時總是會對即將到訪的社工懷抱希望，認為對方能夠解決自己的困難，加上他們以中高齡居多，與社工初次見面卻發現竟然是年紀這麼輕的小毛頭，要他怎麼放心說出自己的困難，臉又該往哪裡擺？即便是我這個已經是大叔年紀的督導，也仍會被初次見面的服務對象看扁。

社工執業時當然同樣會因此受挫，初出茅廬、滿腔熱血想解決服務對象的困難，卻發現不受信任，或者即便用盡全力也無法改善服務對象的困境，就會被對方責怪是個人能力不足才幫不上忙。

「你不給錢，我就死給你看」

情緒勒索的英文原文是「emotional blackmail」，指的是透過操控對方感受的好壞來達成目的，通常會利用三種工具：恐懼、義務跟罪惡感。像家人與親密關係間常常出現的情緒勒索便是後兩者，會指出個人在關係上的義務，藉由讓人產生罪惡感而不去做或去做某事。

但事實上，社工很常被服務對象情緒勒索。畢竟在某種程度上，我們很可能是他們跟社會最有連結的那個人。

❋ ❋ ❋

老黃今年六十六歲，是領有輕度肢體障礙證明的計程車司機，他早年在工地工作，但因為中風導致半側偏癱，幸好在積極復健下好轉許多。

只是他一把年紀加上身體不好，沒辦法再負荷過去的工作，所以去考了職業駕駛執照，現在偶爾會開計程車維生。

他一個人租房子，跟子女失聯，宣稱是因為子女狠心，知道他中風沒有錢所以不願意跟他往來，但言談中卻可以察覺他說詞的不一致。詢問他與妻子離婚的原因，他也不願意多談，只說前妻跟孩子是一國的，都是勢利眼的王八蛋。

初次家訪，他提到已經欠租好幾個月，房東揚言要把他轟出去。他雖然有低收身分，但是補助根本不夠花，都沒錢生活了，何況繳房租！

有子女的中老年人通常不容易通過福利身分，因為台灣的《社會救助法》是以家庭為單位，因此若不是子女有身心障礙證明或者因故無法就業，否則不太容易通過，於是我很快察覺到異樣。

我與社福單位聯繫，一問之下發現老黃多年前中風時，便因為無法工作又沒積蓄，曾經控告子女遺棄。結果因為他長期對妻子跟孩子施暴，加上早年不顧家庭，所以法官判他敗訴，子女無須給付他任何扶養費。

他因而拿敗訴的法院資料去申請補助，由於子女免除了對他的扶養義務，所以在社會扶助資料的申請上，可以由社工撰寫資料排除列計子女收入，讓他專案通過低收身分的申請。

我開始跟老黃討論補助金的規劃，希望釐清哪些支出可以撙節。此外他並非自備一台計程車，而是跟車行日租，自覺體力充裕時才會開車執業，也曾經埋怨過油錢跟罰單都是必要支出，計程車的租用金額又過高，因此我也打算聯繫車行老闆。

但當我跟老黃討論這些事時，他卻火冒三丈，說我只要給錢就好，說這麼多廢話做什麼？儘管他還是給了我車行老闆的電話，卻說他欠了老闆好幾天的租金，叫我去幫他殺價。

雖然我一頭霧水，但還是打了電話去問車行老闆。對方一聽到我是老黃的社工，劈頭就罵，老黃三天捕魚、兩天曬網不說，還積欠了上萬元的租金，原本是看他可憐才會把車租給他，現在我這個社工是要幫他還錢嗎？

我當然否認有意替老黃還錢，畢竟我身為政府社工，並沒有替民眾償還個人債務的義務，而是要協助他與周遭的人斡旋。我想問老闆可不可以算他租金便宜一點，因為他最近生活遇到困難，想讓他多開點計程車貼補家用，希望老闆大人有大量，讓他先開車賺錢付房租。

「你替那個懶鬼說什麼情，我不會相信他啦！他那個王八蛋賺了錢就是買酒，說要還租金，我才不信！」

雖然開計程車的路斷了，但老黃還是有補助可以用，我於是跟房東聯絡，希望他能夠再寬限一個月，老黃下個月領到補助以後肯定會先還點租金。

千拜託萬拜託，房東好不容易點頭同意，但當我回頭跟老黃討論補助金的流向時，他卻顧左右而言他，不願意繼續這個話題，只說他就是要我替他付租金，不然我這個社工是幹什麼吃的？

那時我當社工已經兩、三年，也不是第一次遇到像他這種「大面神」了，但氣焰這麼囂張的倒是頭一遭。他的情況不符合遭遇重大事故的緊急危難補助，在我無法具體掌握他金錢流向的情況下，也沒辦法向經濟補助單位請款，畢竟他連我都說服不了，何況是手握大筆補助款的善心單位呢？

我也只好告訴老黃沒有其他辦法，唯一能做的就是替他跟已經交惡的房東和車行老闆談判，希望他們網開一面，但前提是老黃至少要繳納一個月房租，並少額繳交積欠的計程車租金。

我還替他擬定了還款計畫，讓他下個月先付點房租，且下次租車時每開一天車，就還清前半天的租車金。

老黃沒有回答，直接把我轟出門。

過了幾天，他打電話過來。

「我看你這個政府部門的社工也沒有要幫忙的意思，這樣好了啦！大家都不幫忙，我一定去死給你們看！我跟你講，我這條命就算在你頭上，我看你晚上要怎麼睡！我做鬼也要讓你這輩子不得安寧！」

我深吸了一口氣。

「老黃，我是真心關心你，也想要替你解決問題。」

「你放屁！拿錢來啊！」

「下個月補助進來不就有錢了嗎？」

「下個月？老子我現在就沒錢吃飯了啊！好啦！我去死一死好了，我等一下就去買麻繩上吊自殺！」

「吃飯不是問題，我跟社福中心講好了，晚點會繞過去幫你載一些米跟麵，這段時間你就暫時煮麵煮飯來吃，我不會讓你餓死的。」

事實上，我也真的想過補助款還沒放款前他該怎麼辦，所以確實處理好了。

老黃先是沉默了一下，接著又拉高音量：「講那些都沒有用啦！拿錢來啦！不然我要去死了喔！」

「老黃，如果你真的覺得走投無路了要去自殺，畢竟那是你的選擇，我擋也擋不了。不過因為你跟我說你想要自殺，所以我會通報給自殺防治中心，請他們去關心你。我還是要重申，我們可以一起討論下個月的補助要怎麼拿去還房租，房東那邊我已經講好了，他可以寬限你一個月，這段時間我會幫你找多一點物資，讓你至少可以省下吃飯錢……」

我話還沒有說完，老黃繼續對我大吼：

「你還在繼續跟我講那些沒有用的。幹你娘！我一定死給你看！我也要投訴你，說你這個社工不做事，不給錢！」

噢，講沒兩句想非禮我老母，太沒禮貌了吧。

「你當然有申訴、陳情的權利，如果你覺得我做得不好，那我也虛心受教，不過我還是要勸你別想不開……別……」

他啪地一聲掛斷電話。

幾個禮拜後，老黃搬走了。

他當然沒有拿補助付房租，我從旁得知他把補助拿去買酒喝，不然就是去越南店當大爺；他當然也沒自殺，揚言尋死只是拿來要脅補助的話。

但他倒是真的投訴了我。

議員助理打了電話來，還以為我拿錢不做事，害這名無辜老百姓想不開。

他充滿敵意地質問我，我則冷冷地說：「我會把紀錄整理出來，您要不要先看過再說。」

「你這是什麼態度？」

「社工的態度。」我也沒在怕。

後來助理收到了我的 e-mail，再也沒打電話過來。

當然，也沒有跟我道歉。

……

☼ ☼ ☼

我總是在想，要是新手社工聽到服務對象以死相逼，還有意投訴陳情，大概會嚇個半死吧？幸虧我當時已經是個相對資深的社工了。

雖然這種服務對象並不多，大概十幾個只會出現一個，但只要新手社工在職場初期遇見，假使同事、主管又比較怕事，肯定會要他昧著良心嘗試申請補助，以免弄假成真——服務對象真的拿條麻繩做做樣子自殺，還找民意代表拉社工出來究責。

但或許因為我也曾經親身遇到這類型的個案，所以當了督導以後，假使社工遇到同樣的情況，我都會說「讓他去投訴，反正我來扛。就看哪個民意代表這麼腐敗，連這種刁民說的話也當真」。

民眾進行福利身分申請時，往往會產生疑惑：我們家明明失業的人居多，又或者打零工有一搭沒一搭，收入並不高，怎麼還會說我們收入超標，不通過補助呢？

這是因為政府有規範所謂的「基本工資」，也就是勞工最低薪資，換句話說，十八歲以上、六十四歲以下且無就學情形並符合工作人口的家庭成員，只要沒有身心障礙事實，或因為其他因素無法工作（經醫院判定無工作能力或入獄服刑等），理所當然都應該投入職場獲得最低薪資。所以在申請福利身分時，確實會有家戶成員全部沒有工作，卻無法通過補助的情形。

我知道坊間也會有鄉野傳聞，像是某人利用關係騙過政府、獲得補助，或者某人明明開名車、住豪宅，但還是通過低收補助。但事實上，政府的福利審查非常嚴格，如果一個人真的開名車、住豪宅還能夠通過審查，你也不得不欽佩他，因為那些動產以及不動產必須不在他名下，也不能在他配偶、父母及子女名下。換句話說，他要敢將名車豪宅過戶給非親非故的第三者，但這類人應該只占極少數。即便靠民意代表關說，也不可能跨過整個行政體系獨厚少數人，要是遭踢爆，民意代表也會被罵到臭頭不是嗎？

有些人或許也會疑惑：我跟子女都已經沒有往來，為什麼在福利申請上仍然會把他們計算在內？

這是因為台灣的《社會救助法》目前仍然以「家戶」為單位，代表國家認為子女跟父母間應該各自有照顧義務，但在特殊情況下可以免除義務，前提是要經過訴訟，由法院裁定一方可以免除扶養或者照顧義務。另外還有幾種特殊情形，好比最近或過去曾受到家暴、不得不離家等，但也需要經過社工以專案方式申請。

遇到這種情況，通常都是年邁的一方走上法院，他們早年往往因故沒有善盡家長義務，年老力衰時卻仍期待子女給付扶養費，但子女通常都不願意搭理。

律師會說這是「獨孤求敗」的訴訟官司，因為唯有庭審過程中讓法官判定告訴人確實早年失職、判決敗訴，讓子女免除扶養義務，才能進一步例外申請福利身分。

只是願意狠下心揭露自己多年失聯、早年失職的告訴人確實是少數，畢竟要在法庭上和親生子女對質，在指證歷歷下承認自己是糟糕的父母，當然極為難堪。社工雖然無須評斷服務對象是不是好爸爸、好媽媽，而是要關注如何讓他們取得福利身分、獲得政府的補助，但也唯有他們能夠認清並坦承曾經做過的事情，才能夠繼續往前邁進。

反咬一口

紫葳今年五十歲，由於生理上的缺陷，這輩子幾乎都在輪椅上度過。父母或許自覺虧欠，也因為就生了這麼一個女兒，所以凡事對她都很忍讓，直到她四十五歲那一年，父母陸續患病過世。

父母過世後，事事都靠爸媽代勞的紫葳開始遇到困難，幸好她當時已經開始使用長照的居家服務，也透過關係找到善心單位願意幫她付房租跟生活雜支，但她跟居家服務單位卻經常有糾紛，因為她的習慣讓居服大姊們看不過去。

因為不方便沐浴，所以紫葳需要別人在床上替她擦澡，她會指名要特定牌子的礦泉水清潔，任何會接觸到她身體的物品一定要經過礦泉水洗滌，鋪在她身上的看護墊也是一有髒汙就要隨即更換。一來一往之間，一次服務就會用掉近半箱礦泉水，更換七、八片看護墊，等於居服員每次提供服務就要燒掉善心單位上百元。

「紫葳，妳這樣子很浪費耶！」

「妳給我閉嘴，又不是花妳的錢！」她會這樣吼居服大姊。

雙方的糾紛不只這些，紫葳很常謾罵、怒吼居服員，還曾抓到機會狠狠咬了居服員一口，當然也會有居服大姊忍不住回嘴，便逐漸演變成火爆的爭執。

一段時間後，紫葳的事蹟不脛而走，再也沒有居服員願意幫忙。後來紫葳只好拜託長期贊助的善心單位，更宣稱都是居服員的錯，好讓對方提供更多贊助，讓她私下包紅包高價私聘居服員來幫忙。

社工更多時間是在處理她跟其他居服員的衝突，但即便她支付了居服員更多倍的服務鐘點費，也沒有從中學到彼此是互惠關係——你提供服務、我提供金錢，雙方應該更平等、和善地共處，仍然對居服大姊頤指氣使，甚至出言貶低。

很快的，挑戰又來了，她的房屋租約到期，卻沒有居服員願意陪她去看房子。我們的社工站了出來，帶她走遍大街小巷，逐一看了各個租屋處，推輪椅推到雙手長滿水泡，才總算讓她覓得新的租屋處，也為她搬家後的就醫銜接花了一些時間，讓她把門診都轉到新屋鄰近的醫院。

可惜好景不長，過沒多久，紫葳再度因為壞脾氣導致沒有居服員願意協助。這回我們問遍所有單位，再也找不到居服員願意服務她，即便給再多錢都不幹。

之前紫葳就因為類似的情況，透過長照服務暫時去機構安置了兩個禮拜來度過人力空窗期。但她當時對於洗澡時會被剝光、赤裸地在走廊等待感到羞恥，認為機構這種做法非常沒有人性，加上自認照顧需求很高，應該要有專人二十四小時侍候，機構的照顧比顯然完全無法滿足她的需求。

社工再度提議，說她每個月領政府的金錢補助、政府補助的照顧鐘點費以及民間資源善款至少五、六萬，用這些錢去聘外籍看護或者住機構都更能有效利用，也不需要再面對居服員偶爾的人力空窗。

紫葳沉默了一會兒，說她會想想。

幾天後，她投訴市府，說我們的社工罔顧人權，還用一種幾近逼迫的方式想要把她強制送去機構。

這位社工得知市府接獲陳情後，向我重現了當天會談時的狀況，事實上我們已經共事七、八年，她跟紫葳的互動狀況我很清楚。紫葳喜歡動不動就扭曲事實，所以社工跟她的互動都很小心，更不可能用逼迫的方式和她討論入住機構的事。

她嘆了口氣，說想起之前自己一個人推著她四處奔走，替她打過無數通的電話，就為了協調照顧人力，如今只是一句話沒回好，對她的好就全部被否定，還得被她投訴。

我能夠理解每個人都想要選擇自己的生活方式，如果不是迫不得已，也沒有人想要去住機構，躺在床上，連起身都要經過他人的允許跟監管。機構的照顧比根據身心障礙者、護理之家或者養護機構等不同型態，通常會規範一名照顧服務員需要服務六到八名對象，也就是每一名受照顧者分配到的照顧必須與他人分擔。

紫葳自覺應該要受到專人、專責照顧，才能夠獲得最妥善的照顧，她這種期待當然也沒有錯，只是現實卻很難做到。她更適合的其實是外籍看護，只是外籍看護語言不通，也同樣需要休息、給假，不可能要對方全年無休二十四小時不闔眼地照顧她。

按照她的需求，或許需要的是兩名看護輪早晚班照顧。

如果她生在一個有錢人家，凡事或許都能夠解決，不過問題就出在她沒錢，她所有的金錢都來自政府與善心單位的捐款，當然，如果善心單位同意，那就沒有問題。

只不過，善心單位也會仔細衡量所有資源，均衡地分配到每一個人身上。他們不一定允許紫葳大手大腳地聘用兩名看護，畢竟這樣實際支出的金額超過六萬元，可是遠遠高過台灣受雇勞工的薪資中位數呢！

不過，分享紫葳的故事當然不是要檢討或批評她，她有選擇自己生活方式的自由，只是在她的情緒面前，社工與居服員的努力全被拋諸腦後，幸好他們能夠轉念，繼續在崗位上工作，或許只有紫葳仍舊困在自己的負面情緒裡。

雖然前面說過去機構不失為一種選項，但我認為讓身心障礙者本人或家屬前去機構，的確是不得不的最後選擇。每一個人到了晚年確實都會期許「在地老化」，也就是在熟悉的地方安老。當一個家庭因為照顧負荷大到幾乎崩潰時，往往才不得不選擇機構，但更多時候，我們見到的是年邁的照顧者多年來照料身心障礙者，直到自己重病、迫不得已進入就醫系統，甚至猝死之後才讓受照顧者前去機構，但等到那時往往來不及安排。

雖然政府能夠緊急介入，啟動「保護安置」，先讓受照顧者前往指定的機構，卻無法讓家屬自行選擇地點。當照顧者康復出院後，發現受照顧者被安排到離家數百公里的機構，那才更讓人手足無措。

身為社工，我認為應當在大家尚有餘裕時就前去參觀機構，挑選自己能夠接受的優質單位，甚至先行排位等候，這樣等到不得不的時候，才能夠送往指定的機構。

很多年邁的家屬會對我們說：「我到時候死了就闔眼了，看不到就任你們安排了。」換句話說，只要還有一口氣，就會繼續燃燒風中殘燭，照顧品質也會隨之下降，但如果及早安排，或許照顧者能夠開始新的人生，將照顧重點放到自己身上，受照顧者也能夠早早進入機構適應新生活。只可惜，當我們提供這些建議時，服務對象不是像紫葳這樣大發雷霆，就是充耳不聞、選擇推延，導致很多時候，我們只能看著服務的家庭一步步陷入絕境。

紫葳的例子揭露了服務對象本人極不願意去機構的心態，此外，社工也很容易接到另一種電話——身心障礙者「家長」蠻橫不講理地撂狠話：「我家的孩子我真的照顧不下去了，我不顧了，政府不用負責嗎？我跟你講，我一毛都不會出！你們政府應該要負責任！」

我總是很好奇，身為家長卻不願意負擔照顧孩子的責任，全推給政府，好像孩子是政府生的，如果政府這麼厲害可以自體繁殖小孩，那我們還需要少子化辦公室嗎？

到後來，民眾還會開始情緒勒索。

「好啦！我知道了！你們就是要逼著我帶孩子去死才願意出錢替他安置！」

最後，我通常都會詢問家長的聯絡方式，下派社工去訪視——當然不是因為被勒索才妥協，而是當家長「主動」提出要讓身心障礙者尋求機構，代表他已經意識到應該開始處理後續的照顧問題。

但在派案給社工前，我都會先交代一些注意事項，例如家長的情緒已經臨界，在這種情況下，貶低社工、辱罵政府都在所難免。

沒錯，社工極容易受到民眾的謾罵，這也是留不太住人的原因之一，畢竟大家都是人生父母養，也不是每個人都像我臉皮這麼厚，誰又想要被別人罵得跟豬頭一樣呢？

「你可能是他最後一個見到的人」

同事接到一通電話，分局警員打來辦公室指名找我，但我剛好外出。聽到這件事時，我心裡想，自己不作奸犯科，平常行車鮮少違規，目睹嚴重違規還會順手檢舉，怎麼會有警察找我？

幾個小時後，員警再次打來，請我去派出所做筆錄。

「阿俊死了，你可能是他最後一個見到的人。」

❁ ❁ ❁

阿俊今年五十三歲，領有輕度肢體障礙證明，性情敦厚，終身未婚。

他早年在傳統產業工作，遺傳了家族糖尿病，四十七歲那一年，單純因為腳底傷口照護不周，惡化成蜂窩性組織炎，不得不將右腳腳底板截除。他回老家投靠父母，但手足在長輩先後過世後就明白表示沒辦法再照顧他，他只好又摸摸鼻子離家。

他也曾經想找工作，只是得拄著拐杖行走，一開始去當大樓保全，但被住戶投訴怎麼可以讓「跛跤的」來當保全，結果未滿一個月就在大家的抗議下遭辭退。

後來，他就找不到工作了。

阿俊也曾想過投靠朋友，但聯絡了一圈，幾個朋友都說愛莫能助，他最終流落街頭當起無家者。

他輾轉在街頭待了幾年，任何不嫌棄他的差事就會去幹，圖個溫飽，或許因為態度有禮、做事又認真，他跟街頭社工的關係維持得不錯，後來進了遊民收容中心。當時他身上積累了各種病灶，也沒有按時就醫，在遊民中心社工的協助下恢復就診後，總算逐漸康復。

街頭社工讓他在我們的轄區找了租屋處，押金跟前幾個月的租金由善心人士捐助，也讓他順利地辦了低收入戶，雖然補助不多，但扣除租金，每個月還能有一、兩千元生活。

我初次見到阿俊時，他跟我說已經足夠了，以前在街頭生活時養成節儉習慣，現在每天吃一、兩餐簡單果腹就可以了。

家訪離開前，我跟左右鄰居打了招呼，他們也都是單身獨居的中年人。我提到阿俊剛搬來這裡，如果有什麼狀況，他們可以撥電話給我。

我原本打算替阿俊申請身心障礙者的送餐服務，只要具備福利身分，肢體不便或有其他相關情形無法或不方便外出時，都可以享有一天一到兩餐的政府補助，志工會協助送餐到家裡。好巧不巧，當時那個區域的送餐單位流標，暫時沒有單位承接，所以沒辦法替他連結。

我也曾經想過要替他申請長照服務，不過阿俊說他拄著拐杖都還可以，現在能夠拿到政府補助已經很開心了，不想再浪費社會資源。

我心想，好吧，就聽你的。同時下定決心這幾個月內一定要說服他。

阿俊剛搬回社區，我替他找了志工定期關心，志工便一個禮拜去家裡一趟，希望讓他在社區能夠有人說說話。後續志工並沒有回報什麼異樣，只告訴我阿俊沉默寡言，似乎跟左鄰右舍也都沒往來。

或許只是個性問題，一段時間後，應該能夠慢慢適應吧？

這段期間我增加了探望阿俊的頻率，因為暫時沒有送餐單位能替他送飯，我便每次家訪時都替他去社福中心拿點乾貨。當然也持續嘗試說服阿俊，希望他使用長照服務。畢竟有人照顧他的話，大家都會更安心，只不過阿俊依然拒絕。

員警知會阿俊的死訊後，我在辦公室彷彿遭到冷凍。

阿俊……他死了!?

做筆錄的時候，員警告訴我，根據鄰居的說法，阿俊鮮少跟他們互動，那時不曉得足不出戶了幾日，直到房間開始傳來味道，鄰居敲門好幾次都沒人應門，才趕緊打電話給房東。

房東一開門，就發現阿俊躺在床上一動也不動。

除了報警外，他們也不知道該怎麼辦，這時房客想起了我的電話，並提供給警方。

警方詢問我如何認識阿俊，這兩個月以來又跟他討論過什麼，他在外有沒有仇人、有沒有親人等，我才知道除了我跟志工外，其他親屬都沒來看過他，他也幾乎跟室友不相往來。偏偏上個禮拜志工單位的志工請假，所以暫停了那週探望阿俊的行程。

這麼說，我確實是阿俊死前兩個禮拜以來，唯一一個見到他的人。

他就這麼孤獨地死在陌生的床鋪上，這裡離他老家數十公里，是個全然陌生的地方，而他走出租屋大樓的次數或許兩隻手數得出來。這段時間以來，他每天的生活就是望著空蕩蕩的房間，吃著我替他帶來或不知何時他外出採買的乾糧。

他的房間沒有收音機、電視，更沒有電腦，唯一跟他互動的竟然是我這個素昧平生的陌生人。

「這樣就可以了。」員警做完筆錄後說道

「所以……就這樣？你們會怎麼評斷他的死因呢？」

「原則上還是要等解剖，不過看起來比較像自然死亡，我們聯絡他的家人，不過他們一聽到要討論阿俊的事情，說跟他們無關就掛上電話了……很傷腦筋呀。」

「這樣啊……辛苦你們了。」

警察向我點頭示意。

我默默走出分局，特地繞到阿俊的租屋處外頭，在心中悄悄地說：「希望下輩子你不要這麼孤單了。」

⁂ ⁂ ⁂

阿俊不是我第一個過世的服務對象，事實上，我一度轉換到老人工作，經歷過好幾位獨居老人的死亡，但是才服務兩個月就驟逝的個案，這倒是頭一遭。

我不禁想像自己被「困在」兩公尺見方的租屋處，沒有任何人關心，就連手足得知死訊後也不願意出面……或許是因為這樣，我才會感到這麼大的衝擊吧？

很多弱勢族群——其中又以身心障礙者為大宗，他們是在中年由於各種原因致障，如果家裡長輩不在，手足又各有家庭，往往會形成這種疏離的關係。大家自己的事情都忙不完了，誰又有能力照顧？可能連關心都不願意，所以社工往往成為服務對象在社會上唯一的連結。

阿俊還這麼年輕，應該還輪不到他的……如果當時我更積極一點，說服他使用居家服務，或者居服員能及時到訪發現，或許他就不會死了。

現今的社會中，傳統大家族相互扶持的風氣已經不再，更講究西方文化的自我負責，隨著居住型態的改變，從三代同堂的四合院、透天厝，逐漸變成一家同住的公寓，大家族開枝散葉，漸漸轉成核心小家庭或是單人家庭。

近年來林立的住宅大樓，讓一間一戶、彼此互不關聯的情形更加嚴重，住戶間的交流互動只剩下電梯裡的點頭示意。社區管委會著重的也不一定是情感互動，而是社區共同利益的區分與歸責。近幾年房價與物價飛漲，從三房變成兩房，還有越來越多人住進套房。人與人之間從關心問候、噓寒問暖，漸漸變成點頭之交，甚至視而不見。聽到孩童的哭聲時，也從過去主動上門探問變為撥打報警電話，還會擔心事後被發現是自己好管閒事。

一般人倘若遭逢巨變，都不見得能夠得到親友鄰居的扶持，何況「不想拖累別人」又或者親屬「不想被拖累」的身心障礙者，面對困境當然更加不堪一擊。

孤苦無依的人，或許並非真的舉目無親，不管自願或被迫，他們離群索居，在一個沒有人想像過的角落，孤苦伶仃地走完人生最後一哩路。常人尚且如此，而容錯又比常人還低的身心障礙者，更會因為生病、人際衝突、家庭關係的破裂而落入永遠無法翻身的泥淖。人生的最後，關心他的，可能是一個相識卻不相熟的社工、志工、居家服務員……阿俊的離去，正是一個最典型的例子。

或許，高度經濟發展的社會結構造就了他們悲戚的晚年，孤獨死正在台灣社會發生，而阿俊，僅僅是我遇見的其中一例。

人生結案

燕燕那年四十五歲，她是精神障礙者，主要的診斷是重度憂鬱症。她的前夫長期對她及孩子施暴，離婚後，她便與兒子小義相依為命。

燕燕是我們長期服務的個案，從她兒子小義讀國中時進案，已經服務好幾年了。她雖然固定就診精神科並按時服藥，不過有些問題光靠吃藥解決不了，還需要心理師會談，讓她也能夠在認知上轉念，學習調節自我的方法。

除此之外，精神障礙者也很適合參與活動，透過不同媒材的活動與旁人建立關係，從中學習人際技巧，甚至進一步建立友誼。因此我們除了固定安排心理諮商外，還會積極鼓勵她來參加活動。

協助疾病管理本來就是社工的業務之一，但身心障礙者還會有其他生活上的疑難雜症，比如正值青春期的小義很常跟愁眉苦臉的燕燕發生衝突，燕燕也會打電話來哭訴孩子不懂得體會媽媽的辛苦，她是多麼努力地一個人把孩子拉拔長大，但孩子都不理解。

即便我們沒有當過「媽媽」，至少當過「小孩」，當時負責燕燕的未婚女社工便需要一點一滴地提醒她，從頭釐清爭執，了解她說了什麼才會導致與孩子起爭執，並和她進行一次又一次的演練，嘗試用更好的方式跟小義溝通。

社工會用切身的生活與社會經驗，重新引導身心障礙者用更正向的方法與他人及社會連結，當然前面得經過一段時間的磨合與關係建立，才能夠讓他們相信社工，願意把我們說的話「聽進去」。

總算，燕燕的狀況逐漸穩定，雖然仍不時會向小義情緒勒索，揚言小義要是不配合，她這個做媽的就要去死，但我們要是知道燕燕這麼做，也總是會唸她一頓。

幸好隨著小義年紀越來越大，也越來越懂事。升上大學後，一心想協助家裡脫貧的他白天讀日間部，下課後到超商打工，隔天上午如果沒有早課，還會兼大夜班，一個月也能夠賺一、兩萬元，除了替自己賺取生活費，還能減輕家裡的壓力，燕燕家的困境也終於改善。

社工也會鼓勵燕燕，告訴她總算要開始享福了。

不料，我們有一天接到了燕燕的來電。

「我吞藥了，我打給小義他都沒接，妳快點幫我找他！」一說完便掛斷電話。

接到電話的社工嚇傻了，趕緊回撥，但燕燕都沒有接聽，試著聯絡小義，也同樣無人回應。

整個辦公室的人動了起來，有人問要不要現在馬上去燕燕家探望；也有人直接報警、告知警方；更有人根據燕燕與社工過去的談話紀錄，推敲出小義在哪一家連鎖超商上班，逐一打電話去各間超商找人。

十五分鐘後，我們總算聯絡上小義，那已經不知道是第幾間超商。後來小義告訴社工，當天出門前曾跟燕燕有些口角，他便隨口吼道等下班再說。燕燕過去已經很多次威脅吞藥，總是吃了藥以後就打電話給小義，像是警告他快點回家。不過當天的爭執並不嚴重，加上他上班時手機沒帶在身邊，工作一忙，就忘了這回事。

「沒想到燕燕這次來真的……」

社工回憶之前確實聽燕燕講過幾次吞藥要脅小義的事，我們也曾經通報自殺防治中心，但因為單純是偶發事件，所以通常自殺關懷員追蹤幾次，評估沒有危險後就會結束服務。

未料這次燕燕弄巧成拙，服藥過量，不巧小義又沒接到電話，她便在昏迷不醒的前一刻打給了我們。

那成了社工與燕燕最後的通話，她是最後一個聽見燕燕聲音的人。

等到小義趕回家，警方協同救護人員同一時間破門而入，但當時的燕燕已經沒有生命跡象，小義親眼見到救護人員合力將她推上救護車，而母親毫無反應。

「媽！妳醒醒啊！妳醒醒啊！我回來了，我回來了啊！」

燕燕到院搶救後仍宣告不治。

通常服務對象死亡後，社會福利體系就會轉為結案，因為服務標的本身已經不在。不過或許因為社工從小義國中開始一直看著他直到大學，所以還是陸續家訪好幾次，陪著小義整理燕燕的遺物。

小義哭著跟當時還沒滿三十歲的社工說：「阿姨怎麼辦……阿姨我應該怎麼辦？」

「我一直都會在，就像一直在妳媽媽身邊那樣。」

社工陪著小義走完燕燕最後一趟路，她的後事全部交給善心單位協助，簡單不鋪張。後幾個月社工則跟小義討論接下來的方向，陪著小義搬家，從原本租整層樓的公寓變成租套房，直到他生活漸漸上了軌道，我們才真正終止與小義的聯繫。

這中間還有一段插曲——過去對燕燕家暴的前夫，也就是小義的爸爸終於出現了。在葬禮上，他告訴小義：「以前你跟你媽走，還改了你媽的姓，現在你媽死了，你也應該改回我的姓、跟我住了吧？」

小義氣得渾身發抖地打電話給我們，說他當面罵了爸爸三字經。

「那個王八蛋竟然還敢來找我！」

過了好幾年，現在小義應該也已經大學畢業，成為未來璀璨、不可限量的年輕人了吧。

「燕燕可能從來沒有想過自己會這樣死掉吧？」我說。

「是啊。」主責社工從辦公桌下方拿出了一張小板凳，那是燕燕之前來參加活動時做的一組木造粉紅色板凳，雖然是由帶課老師塑形，不過上頭的彩繪都是燕燕一筆一畫上色的。

當天活動結束後，燕燕把成品送給了社工。

「社工，這個很漂亮，送妳。」

社工把板凳拿給我看，似乎若有所思。她或許想著如果我們能夠更早接到燕燕的電話、更快報警，又或者更快找到小義打工的超商，或許燕燕就不會死了……。

「妳猜，小義現在過得好嗎？」我在寫這段時，還特地問了問她。

……

「他一定會讓自己過得很好的。」她回答道。

⁂ ⁂ ⁂

燕燕過世多年後的現在，當我跟社工聊起燕燕的事，她仍然對當天守候在醫院的小義第一時間打來的電話印象深刻——幾個小時前，燕燕打來，告訴社工她自殺，但因為聯絡不到小義，後悔地向社工求助；幾個小時後，換小義打來，告訴社工燕燕搶救不治，哭著說：「社工阿姨，我媽死了……」

那是多大的衝擊！

社工告訴我，那是她這輩子第一個個案，是她踏入職場後第一個家訪的服務對象，她從來沒有想過開案服務五年以後，會以這種方式結束服務。

社工往往會對自己第一個電話聯絡、第一個家庭訪視、第一個因服務而重獲新生，又或者第一個死亡的個案印象特別深刻，只是她從來沒有想過，燕燕會包辦了她所有的第一個。

「如果我當時是新人，大概會崩潰吧。」她這樣告訴我。

個案的死亡是每個社工都會面臨到的課題，我們在工作中盡可能跟個案建立關係，是為了讓他們相信社工，願意跟著我們的腳步前進，一步步脫貧、改善現況，從受助者轉變成無須受助者，甚至是助人者。

就像種植一棵小樹苗，在我們悉心翻土及施肥下茁壯，而後卻驟然死去，我們會不斷反思自己是不是少做了什麼？或者做錯了什麼？

每一次個案的死亡都彷彿撕裂了社工，尤其每個服務對象都帶著不同的故事進入我們的世界，那是他們的生命故事，刻骨銘心的每一段經歷。社工在個案說故事的同時，往往看得出他們對過去充滿悔恨，我們會教導他們接受過去，也會無條件地接納他們。

雖然我們是社工，而他們是所謂的個案，但人與人之間的互動本來就是相互學習，只是恰巧在社會福利這一塊，我們懂得稍微多一點而已。社工與個案之間原本就沒有上下關係，我們很難不帶感情地進入他們的生命，也勢必會因為他們的離去而充滿挫折。

我想，在醫院工作的社工同胞一定更有同感，尤其是從事安寧工作的社工，即便他們頻繁地見到病人離去，也永遠無法「習慣」，他們心裡肯定也有地方跟著死去。

社工是人，不是神。

即便很多人認為這是一份只要說說話就可以賺錢的工作，但我們也有感情，也會受傷。即便服務對象上一秒因為一時的情緒怒斥我們，說社工根本幫不上忙，但要是他在下一秒離去，我們也會因此掉淚。

社工服務也有所謂的ＫＰＩ，會受到績效指標考核，高層期許我們能夠成功「結案」，不外乎希望在社工的介入下，服務對象能夠完全解決問題，或者退而求其次，減緩問題，讓他們開始有自主解決問題的能力。其中有個不得不面對的指標，就是死亡。

我們闔上燕燕的個案紀錄本，準備塵封在結案的檔案櫃中，即便檔案櫃不上鎖，那本資料也不會再有任何人翻閱。不過燕燕確實存在過，或許在小義以及社工心中，她永遠都活著，正在天上望著小義現在過著美好的生活。

「我把妳當成自己的女兒！」

老九今年六十七歲，肢體障礙中度，又因為中風導致不良於行，儘管如此，他可是很有故事的。據本人所說，他年輕時人擋殺人、佛擋殺佛，是政府列管的組織暴力犯罪分子。

由於年輕時頻頻進出監獄，所以妻子早就跟人跑了，兒女當然也不再跟他往來。但因為他有兩名子女，沒辦法通過任何補助身分，當知曉送件再度遭拒後，他倒也很坦然。

「算了，那代表我的小孩混得不錯。」

雖然嘴巴上這麼說，但他還是不時會埋怨自己年輕時都是為了家庭、為了生活，才會替人頂罪或者替組織做事。他也會在社工面前訐譙子女：「好歹我也貢獻了精子呀！妳說他們是不是應該負責我現在的生活？」

主責社工是位女性，她的家庭和樂美滿，親子關係很緊密，對於老九所說的，她沒有正面回應，而是等待時機，在老九下一次埋怨子女時提起訴訟問題。

老九可以透過控告子女逼他們出面，如果法院認為子女應該給付扶養費，便會裁定具體金額；如果判定老九敗訴，至少他也可以因此獲得福利身分。

老九曾長期為犯罪組織做事，還牽涉重大犯罪情事，等到年老力衰卻仍把歪腦筋動到子女頭上，而且不時渾身酒氣，總在半清醒半酒醉的狀態下與社工爭執。他至今仍跟過往組織的小弟來往，他們都是老九的後生小輩，現在的生活大多過得去，也會試探性地問他要不要重出江湖，說某處有事情可以讓老九出面，他只要持刀嚇嚇人就能從組織獲取酬勞。

老九也會跟社工討論，問問她的意見，說他是不是應該出去賺個外快？姑且不論老九是不是有辦法力行，或者只是想表現身為男性過去賴以維生且引以為傲的「專業」，這些言論還是都讓社工瑟瑟發抖。

社工極力勸阻，也坦誠告訴老九，如果他真的接下工作，那我們就不得不告發，因此還是希望他能安安穩穩地生活，不要再涉入江湖事——當然，我們的說詞是擔心他受傷。

老九幾乎天天打電話給社工，從電話中彷彿可以聞到他濃厚的酒氣，他老是說要跟社工講話，因為這位社工是他生命中唯一一個會對他輕聲細語的人。

主責社工生性溫柔，並不擅長拒絕別人，尤其是服務對象，但老九三番兩次藉著酒醉胡言亂語，也讓她開始學著和他制定規則：「你喝酒的時候我不會跟你說話。」

有一天，恰巧社工外出，我接到了醉醺醺的老九打來的電話，說他今天下床的時候跌倒，花了好大的工夫才爬回床上。

當時他想到的第一件事，就是要趕快打電話給社工跟她講。事後我才知道，老九因為社工的噓寒問暖、固定訪視而十分感動，也曾經開口問社工願不願意認他當乾爹。他因為年輕時不懂事，失去了家庭，晚年孤苦伶仃時遇見的這位女社工，就成為他期待中的「女兒」模樣。

「我只想知道社工的全名，我忘記了，我真的忘記了……對我來說她比我的家人、比我的女兒還像我女兒……我跌倒後一直在想，如果我要死了，怎麼可以忘記社工的名字，求求你告訴我……求求你告訴我……」

老九對社工的情感來自「情感轉移」，他將對子女的期待投射在社工身上，加上自己的家庭生活總是亂哄哄，所以講話溫柔、輕聲細語的社工就成了他另一個女兒，他所期待的女兒的模樣。

婚姻的難處在於兩個家庭的結合、兩個不同價值觀的衝撞，但是社工同時服務的個案少則二、三十，多則上百，其中大多與自己的生活型態相左，所經歷過的生命故事也大不相同。

換句話說，社工必須跟價值觀迥異的服務對象工作、走進他們生活，假使他們口中說出極其荒謬的言論，縱使心中不一定同意，表面上也會接受，接著轉換語言勸告他們，畢竟那就是他們所展現出來的樣貌。

這些個案也會不斷嘗試挑戰社工的底線。老九在一開始社工訪視時還會盡量保持清醒，後來的家訪則會將啤酒放在桌上，試探性地喝幾口，最後更是幾乎一天到晚醉醺醺，甚至頻頻來電希望尋求社工的關心。

我們不能拒絕服務對象，至少不能讓服務對象覺得我們「不喜歡」他們，畢竟社工還是得維持「專業形象」，除了個人的身分外，更重要的是社工的身分。

我自己即便再不喜歡他，但身為「社工師」，也不能表現得太明顯。

結束那通電話後，我轉告了主責社工老九今天所說的話，還補充了一句：「如果他對親生女兒也這麼深情，我想他女兒就不會不理他了。」

社工苦笑著同意。

她向我坦承，其實多數時候她都害怕跟老九互動，尤其當他喝醉酒時。但為了工作，她只好每次都鼓起勇氣打電話，甚至是去家裡探望他，只是這樣反而讓老九覺得放心、投注更多情感。

社工在服務歷程中往往承載了服務對象的負面生活經驗，更別說是如此沉重的「子女投射」，但是別忘了，我們只是社工，並不是他們真正的親人。

老九後來總算決定控告子女遺棄，也因為他長期入獄服刑，並未真正負擔子女的成長開銷而敗訴。他順利取得福利身分，拿到補助，有鑑於生活逐漸趨於穩定，生活費也不再是問題，我們跟他達成協議結案。即便如此，他仍然不時醉醺醺地打來，說要跟他的「乾女兒」通電話，直到女社工請產假，並預告再來會育嬰留停，長達一年多都不會再進辦公室，他才總算死了這條心。

或許，他直到這時候才總算意識到，原來社工不是他真正的女兒。

久別重逢，只可惜不歡而散

還記得因為跌倒而被迫送往機構的阿慶嗎？

我以為自己這輩子與阿慶的緣分在他被保護安置後就結束了，沒想到三年後，社福中心的一位社工來電，告訴我阿慶要從機構離開了，他即將回到社區，而社工已經替他找到一個絕佳的租屋處。

租屋處是由一個熱心的大姊提供，雖然身心障礙者或老人尋找租屋不易，尤其是像阿慶這樣的身心障礙獨居者，不過社福中心畢竟是公家單位，本來就會跟社區的包租公、包租婆打好關係。這位大姊將頂樓加蓋分成四間雅房，也長期與社福中心合作，讓弱勢族群以便宜的價格租下，當時剛好就有空房可以給阿慶住。

之後我跟著社福中心社工一同前往阿慶的租屋處，從一樓爬到加蓋六樓，我不禁懷疑這個地方適合阿慶嗎？雖然從機構離開，代表他的功能應該稍微恢復了……但要爬六樓？

租屋處環境雜亂，樓梯間牆壁斑駁且扶手搖搖晃晃，社工解釋實在找不到合宜又便宜的地方，雖然知道阿慶是肢體障礙者，公寓頂樓對他外出確實不方便，但由於時間急迫，只能暫時讓他在這裡生活。房東大姊雖然與阿慶簽訂了租屋合約，但根據社工了解，即使提早解約也不需要賠租金，如果真的繳不出房租，欠租一到兩個月房東也能夠理解。

社福中心替他找到新租屋處，確實是幫了大忙，眼下就先這樣吧。

我原本擔心社福中心一讓他回到社區就會立刻結案不再聯繫，畢竟我們很常被如此「劃分權責」，但社工說阿慶的情況特殊，是他們保護安置銜接回社區的案件，所以還是會持續追蹤。

當我跟阿慶重逢時，他十分激動，感謝我跟社福社工讓他去機構休養，也還記得幾年前我陪著他下樓練習走路。

「王社工，沒想到我們還有機會見面，我在機構時都會想起你！」

一聊之下才知道阿慶去老人養護機構後，發現其他室友都是老人家，他是最年輕的「住戶」，這些長輩向他表達：「阿慶啊，你才四十幾歲，還這麼年輕！我們進來是來等死的……你應該要努力復健、離開這裡。」

於是他便發憤圖強，利用機構都會有的簡單器材復健，只要天氣允許，還會向管理人員表示要外出散步、練習走路。他現在的能力已經比當時被緊急送醫治療時要好上太多了。

雖然仍需要用拐杖支撐，速度也比常人慢上許多，不過至少他已經不再有精神症狀。就算還是有失眠問題，但他在機構幾年以來，也漸漸習慣跟其他住戶建立關係，不再會一個人胡思亂想。機構的工作人員也注意到他的精神問題，便陸續帶他去看了幾次精神科，服藥好轉後目前已經停藥，顯然精神科的藥物對他來說並沒有明顯排斥或副作用。

打鐵要趁熱，所以我跟阿慶約定未來要一起去看精神科，好徹底改善他的睡眠問題，他也欣然同意。

我跟阿慶姊弟下一次就在醫院見面，過程一切順利，我也總算跟他姊姊打了照面，不過阿慶卻又拋出新訊息。

「我想搬家。」

原來他第一次住頂樓加蓋，沒體驗過頂樓的炙熱，加上房間冷氣故障，苦不堪言。此外他生性整潔，以往獨居時，都會盡可能維持住家環境，但房東大姊的租屋處卻堆滿房客以及她的家庭雜物，不時有蟑螂亂爬，讓他難以忍受。

「便宜是便宜啦，但其他幾個房客都吃定房東人好，聽他們講已經好幾個月沒繳房租了，既然沒付錢……生活就隨便了。大便不沖水、走廊也都是垃圾，不然就是沒吃完的便當放客廳一整晚，整個房子都是臭酸味……我實在受不了。」

阿慶姊姊也坦承現在阿慶租屋處的環境惡劣，同樣認為可以考慮搬遷。

我當時已經是資深社工，不少個案住家滿地屎尿或者老鼠昆蟲亂爬都見怪不怪了，因此認為阿慶現在的環境稱不上「惡劣」，頂多算是「稍有不潔」。或許是我的標準太低了，但對於阿慶與姊姊的要求，我也沒有反對，畢竟高樓層確實不適合阿慶，那就再找找吧！

我跟阿慶姊姊分頭行事，每天上租屋網或者找崔媽媽基金會幫忙，但都沒有合適的物件，要不租金偏高阿慶無法負擔，就是地理位置太過偏僻，不利於阿慶後續就醫。不得不說，身心障礙者的租屋選擇實在不多，有太多生活需求得顧慮。幸好兩個月後阿慶來電告訴我，他以前在機構的室友家屬現在仍有聯絡，剛好對方又有朋友在收租，市中心有間空房，是他的話，可以算便宜一點。

那天，阿慶拜託我陪他去看房子，他跟新房東約好兩點看屋，我便跟他談定下午一點去他家，打算用輪椅推他去看屋。

同一時間，我也跟社福中心說已經找到了預定租屋的標的，距離阿慶現在的租屋處僅僅兩公里，加上他剛搬來，身上的家當不多，應該靠人力用推車推過去就好，不需要請搬家公司。社工則表示他當天要開會，否則也想到場評估，若是合宜，他也能為搬家出一份力。

但等我到阿慶家樓下，卻發現他站在一樓，身後滿滿家當。

原來他一知道新房東願意收容他，便跟房東大姊大吵一架，數落人家的不是，說她這裡是垃圾收容所，專收一些垃圾人渣跟找不到地方住的敗類。

我急忙勸他，怎麼會這麼衝動？房子都還沒看，約也還沒簽，怎麼就跟人家吵起來了？

「我一定要搬啦！管他的，我也跟新房東講好了。房東改說一點半才有空檔，兩點他有事，確定要租可以直接簽約入住。反正再怎樣也比這個破地方好！」

「這些東西是誰幫你搬下來的？」

「我自己拿的，樓上還有好多。」

阿慶話還沒說完，我就接到房東大姊的電話。她吼道：「王社工，我知道你跟他約好了。阿慶不就很厲害，在我這裡白吃白住，我還天天供他三餐，看他可憐免費煮飯給他吃。他嫌我這裡爛，好啊！他最尊貴，他還有些東西在我樓上，麻煩你現在給我拿下去，不然我直接扔到一樓！」

掛上電話後，我三步併兩步飛奔到六樓，只見房東大姊雙手插腰指著兩大袋物品，我趕緊替阿慶求情，擔心新租屋處他看了也未必喜歡，如果連這裡都沒辦法再住，那就沒後路了。

「我告訴你，不可能！我真的不想對你發脾氣，我知道你們社工很辛苦，但我也不是生來給人家糟蹋的，麻煩他滾。」

房東大姊拿起一袋衣物往客廳走去，拉開了窗戶。

「你也不用替他浪費力氣，我丟下去就好了。」

「真的沒轉圜餘地了？」我向房東大姊求饒。

「我要放手了。」房東大姊作勢將袋子往窗外一放。

我沒有給她反應的機會，一把搶過她手上的袋子，再提著擱在樓梯上的另一袋趕緊下樓。

「他房間還有兩袋，我不會丟，等你。你幹麼要幫那個王八蛋？」

我沒有回話。

下樓後，阿慶坐在輪椅上望著我：「房東不幫你拿喔？」

雖然阿慶話說得保守，但我猜想他肯定當著房東大姊的面把房子嫌得很難聽，大概也數落了大姊的不是，否則她也不會那麼生氣。

「快一點喔！我跟新房東說提早到一點半過去，到了要打電話給人家。」

我仍然沒有回話，再度飛奔上六樓，幸好房東大姊好人做到底，替我將阿慶房間的物品都打包好，還拿到了樓梯口。

「這兩包你應該讓我丟下去。」

「拜託不要這樣。」我趕緊拿起這兩袋下樓。

等到汗流浹背地回到一樓後，阿慶卻一副不耐煩的表情說：「你怎麼這麼慢，我跟新房東約的時間快到了，我要給他好印象，不然怕他不租給我。」

那一瞬間，我的理智斷線了。

我朝阿慶吼道：「對對對！新房東最重要，我這個社工就什麼屁都不是，我剛才用跑的衝上六樓，就為了替你救這四袋東西。明明講好今天是去看房子，搬家的事情要等社工來幫忙，因為還要協調人力，要另外約時間。你自己大主大意決定今天要搬家，還跟新房東改約時間，你有跟我們討論過嗎？」

「房東真的在等了，你確定還要在這邊廢……」

「廢話？你覺得我說的是廢話？你是不是真的很看不起我們社工？我跟社福中心的社工這幾個月幫你多少忙？我們不求你回報，只希望你至少可以尊重我們，現在你如果覺得新房東最重要、最好，你就叫他來幫你搬家啊！」

「他怎麼可能來幫忙……這種事情就是要你來幫忙，不然誰來……」

「對，只有我們願意幫忙，但你還是只在意新房東！你這些事情跟社工討論過嗎？跟我討論過嗎？我今天過來是要陪你看房子、簽約，不是要做苦力幫你搬家，幫你去救本來應該被丟下來的東西！」

街坊鄰居聽到了我們的爭執，紛紛出來緩頰。

「那個是某某的房客啦。噢，聽說他把某某嫌得很難聽……」

「社工，你是社工耶，不要生氣啦，有話好好說。」

在眾人的安撫下，我也稍稍消氣了，警告阿慶道：「你現在打電話給新房東，說你會晚點到，也打電話給你姊，我要跟你姊講話。」

「打給房東做什麼？這樣我會給他壞印象，我……」

「你給我閉嘴！你不打，我現在就走，看你怎麼搬家！」

阿慶露出勉為其難的表情，我也沒管他，立刻打電話給社福中心的社工告知這件事，他也對阿慶的舉動感到很意外，但在會議中抽不了身，於是請實習生立刻帶推車過來。

「房東說沒問題……他給我密碼鎖的密碼，我們自己看就好……所以我們要過去了沒？」

我望著地上四大袋衣物，還有兩個紙箱，看得出來阿慶是沿著樓梯從六樓踢下樓的，紙箱已經被撞出好幾個凹洞，更別說還有一台電風扇。

「我們現在得等社工派的實習生帶推車過來。我就問你，沒有推車要怎麼過去？」

「我可以自己推輪椅過去，我先去，這些東西你慢慢拿過去就好。」

「你給我閉嘴。」我強忍情緒，叫他打給姊姊。

「社工，有這麼誇張嗎？有必要這麼生氣？」

「我跟你說，這是我第一次也是最後一次對你發脾氣。我不可能再服務你了，今天幫你搬完家以後，我就會結案。」我補充道：「你要不要先走隨便你，但反正我需要推車來推這些東西。」

電話接通以後，我跟阿慶姊姊說明情況，她知道弟弟失禮了，拚命道歉。我向她解釋，後續請她跟社福中心的社工聯絡就好，基本上阿慶今後的事情與我無關了。

姊姊在電話裡罵了阿慶，他也還是等到推車來了才啟程，畢竟他確實需要我幫他推輪椅。當然，過程中他不斷碎唸，一直強調自己沒有惡意，只是擔心新房東生氣。

我講真的，你最好還是住嘴。不過我沒有開口。

實習生推著阿慶的家當，而我推著阿慶，後來我沒有再發脾氣，因為我知道說再多也只是浪費自己的情緒。

因為家當過多，加上推著輪椅，即便兩公里的路程也還是花了我們快一個小時，抵達時已經將近三點。

阿慶一看便滿心歡喜地說要簽約，房東則約莫半小時後就會拿合約書過來。同一時間，阿慶的姊姊也趕到了現場。

她先是指著阿慶的鼻子痛罵，說他怎麼把事情搞成這樣。

「王社工你先走吧，今天真的很對不起你們。你們都走吧，我陪我弟弟簽約就好。」姊姊向我鞠躬道歉。

「沒關係，不是妳的錯，那我就先走囉。」

……………

「再來交給我就好。」

我轉頭，跟實習生說：「走吧，辛苦了！我請你喝飲料。」

☼ ☼ ☼

我一直回想自己當時為何會對阿慶發飆？

是因為感覺不被尊重、被看輕，還是身為社工的我太想被認同了呢？換位思考，如果我是阿慶，也會很看重新房東對自己的想法——現在的居住環境實在讓人難以容忍，但我總算靠自己的人脈找到一個看起來還不錯的租屋處，為什麼社工不快點幫我處理呢？只差最後一步了呀！他又為什麼要對我鬼吼鬼叫呢？

事實上，社工本來就會有自己的價值觀，我們很難確保能服務到跟自己價值觀契合的對象，反而往往為了維持與服務對象的關係，即便有爭執或衝突也會忍讓，遭遇服務對象的辱罵，也大多罵不還口。

服務對象之所以落入困境，或許也是因為自己不符合社會價值對他們的期待。

「你好手好腳，應該有正當工作才對！」

「如果你家有身心障礙者，照顧不了就應該送去機構！」

「你家裡就應該打掃乾淨，不可以雜亂無章！」

「如果你精神有病，要不是去住瘋人院，就是要躲在家裡別出門！」

平心而論，這些社會普遍認同的價值觀與期許，套在任何人身上都不公平。畢竟每個人都有自己的難處，在重大的人生交叉點，或許沒有能力做出好的選擇，甚至連選擇的權利都沒有，更多時候只能被迫接受他人給的選項。

過去的阿慶正是「無法選擇」的受害者。

社工無論是在學校或者進入職場，被教育的就是要將與服務對象的衝突內化，不應該對服務對象吼叫，應該用符合「社工」價值的方法去回應。

「阿慶，我知道你現在很焦急，因為你跟新房東約好要一點半抵達，我懂你的情緒，可是，我們必須把事情一項一項處理好，先把你的家當搬下來，再請人幫忙一起把你的東西搬過去，才能夠順利完成搬家的事。你剛才的話讓我覺得不被尊重，希望你放下情緒，先讓我把你的事情處理好，可以嗎？」

這是社工教科書上的標準答案，先反映服務對象的情緒，懇請他一同解決，如果可以的話，也不妨反映自己的情緒，讓對方知道我們的真實感受。

但很遺憾，當時的我做不到。而我想就算再過十年、二十年，我也不可能做到。

傳統社會價值強加在身心障礙者身上的標籤與刻板印象，正如社工的標準形象，不應該強加在每一個社工身上，因為社工本來就是不同個體，我們是人、不是神，也會有自己的情緒，不應該無止盡地壓抑與隱忍。

我往往見到許多社工公開或非公開地陳述自己的困境，面對自己不能說出口的創傷時，懷疑自己不適合當社工。但他們不是不適合，只是並非典型社工，為何一定要將社工貼上特定的標籤呢？我相信每一位社工都有自己的模樣，不應該強迫他們都要認為這是一份具有高度價值的工作，所以勢必犧牲奉獻，沒有自己。

或許社會應該明白，社工只是再尋常不過的工作，正如上班族會埋怨老闆、抱怨工作，社工終究是凡人，會有喜怒哀樂，正如身心障礙者也會有七情六慾。

這份工作同時還會帶給我們許多情緒負荷，陣亡的人比比皆是，如果社工還在崗位上奮鬥——如果你還在，千萬要記得，自己是「〇〇〇社工」，而不是一個沒有名字的「社工」。

專欄　社工陣亡的無數個理由

社工界常把社工的壓力到達臨界值、最後爆掉的狀態稱為「Burn Out」，用中文來說，就是耗竭。

社工耗竭的原因有很多，除了前面提到的小型社福組織財源有限，可能會強迫員工薪水回捐外，即便沒有回捐，也會因為募款有限，僅能提供社工「基本薪資」。這邊所謂的基本薪資，並不是勞動團體抗爭的最低薪資，好比打工領的最低時薪，而是依照外面社工的行情（通常僅有三萬餘元）或補助案核定的薪資發給社工。

乍看之下似乎是依照規定來，也沒什麼不對，不過待在一間公司多年，補助案件的薪資又往往不動如山，鮮少或幾無調幅，過了好幾年還是發同樣的薪水，這樣真的留得住員工嗎？

這種情形不光發生在小型社會福利機構，就連大型機構也面臨一樣的困境，畢竟員工薪資來自民眾捐款或政府補助，民眾往往期待捐獻的善心能夠用在服務對象身上，但對於分配到人事費——也就是社工身上，可就不一定買單了。

我也曾聽同事分享，他開車載家人去社會福利單位承接的加油站洗車，家人卻埋怨洗車場的身心障礙者「看起來不夠可憐」，感覺自己這些錢好像白花了。但事實上，這也可以解讀為這間社福機構訓練得很好，才能夠讓身心障礙員工個個都表現得專業，只是同事的家人卻完全不這麼想。

民眾會希望自己的每一分捐款都不要「浪費」在給員工加薪，最好全部花在服務對象上。向政府寫標案或補助案以從事社會福利計畫的大型組織，也會因為核定的薪資多寡而選擇發給員工對應的薪水，畢竟想加薪需要組織自行尋求財源，所以社工的薪資即便經過前輩多次努力，起薪已經稍微像樣，調薪幅度卻仍不如預期。

你可能會問，當社工還在意薪水，是不是代表不適合當社工？但我認為薪水是職場的誘因之一，如果領的是萬年薪水，難道不會影響久任的意願？要是無法久任，社會工作又該如何延續？

再者，多數的社會福利組織都是扁平型組織，往往一名主管下面會管理眾多社工，不像一般企業採科層式組織，每一個不同的科別都是小部門，有眾多小主管管理各個部門。社會福利組織的一位主管會占好幾年甚至十幾年主管缺，導致升遷不易，加上主管往往以募款或申請政府補助案為主要業務，只能「管理行政」，而無暇「管理員工」。

新手社工在工作上會遭遇許多挫折，畢竟處理「人」的工作，複雜度相對高，除了與其他職場一樣會有同事間的人際問題，更多了與服務對象的磨合與衝突。這樣的情緒負荷導致他們需要有資深同事或者主管的支持，不過主管往往忙於行政，無法傾聽員工的想法，若不是同事間情感緊密，新手社工的苦楚往往無處傾訴，最後累積得越來越多，開始懷疑自己是不是不適合當社工。

這幾年匿名粉絲專頁當道，當然也有所謂的「靠北社工」頁面。令人意外的是，利用匿名專頁爆料的社工僅僅只是少數，匿名投稿傾訴自己不適應工作的卻占了很大一部分。他們往往詢問網友：「我的主管或同事說我不夠外向，沒辦法跟服務對象建立關係，不適合當社工，可是我對這份工作真的很有熱情……但既然他們這麼說，是不是我真的不適合這份工作？」

我看了這種文章總覺得很諷刺，新手社工在初入職場遭遇到困難，竟然沒有同事、督導可以討論，需要上網向不認識的網友取暖，可見仍有一定比例的新手社工在職場上完全沒有同儕與主管支持。

社工這份工作的體力負擔並不大，情緒負荷卻很大。主要來自鮮少在職訓練，由於大家業務繁重，事情都忙不完，更別說提供支持，又因為是扁平型組織，一名社工主管轄下少則五、六名，多則十名社工，根本沒空傾聽，加上服務的對象五花八門，其中更不乏三不五時就破口謾罵、索要資源的民眾，將得不到資源怪罪到社工身上。

這幾年服務對象持刀攻擊社工，或者社工家訪卻被家屬攻擊的事件時有所聞，社工的人身安全一直是容易受到忽視的議題，包括去偏鄉地區被野狗追，訪視非自願性個案（例如家暴相對人，也就是施暴者）、藥酒癮者個案、有攻擊前科或有犯罪傾向者，或者前述索要資源被拒而懷恨在心的個案等，在在顯示社工是「情緒勞務」相當繁重，而且生命安全具有風險的工作。

同樣的，社工也是低度成就感的工作。社工在服務個案之際，都帶著正向且希望服務對象改變的前提進入家庭，卻可能會因為服務對象的家庭對資源並不信任、對社工尚無法相信，或者沒有能量去使用新的資源，導致頻頻受挫。能夠順利且迅速解決服務對象問題的期程，往往短則數週、數月，長則數年，成就感取得不易，無怪乎社工容易在到職三年內就早早陣亡。

以本書提到的故事總結來說，社工耗竭的原因有八點，當然，實際因素一定遠多於這八點，以下只是舉例說明：

一、薪資萬年不變，餓不死也吃不飽。

二、職場訓練不足，導致新手社工容易早期陣亡。

三、主管往往發揮不了支持的功能，社工遇到挫折時多數只能獨自承受，而新人更容易因此黯然離開。

四、在某些領域特別容易接觸到有高度攻擊風險的相對人，導致社工的人身安全危害事件頻傳。

五、組織扁平，升遷不易，少有大型單位會設置人資部門提供員工支持。

六、工作特性導致不易提升成就感，造成不如歸去的情形。

七、社工與服務對象往往因為高頻率的聯繫而關係緊密，服務對象誤入歧途、自殺、意外或被害等重大變故，都可能讓社工情緒潰堤。

八、工作內容不易被民眾知悉，社會大眾對社工的認識仍然不足。

最後一項，正是我寫這本書的原因之一。

終章

關注社會工作

你在路上是否曾經遇見「他們」？對著空氣咒罵、宛如電玩NPC重複特定動作、走沒兩步忽然失神差點跌倒、頻頻發出怪聲或國罵口頭禪、臉部不自覺顫動、渾身彷彿觸電般抖動等——他們可能都是身心障礙者。

或許你會感到害怕，甚至在他們產生類似干擾行為時，會擔心、懷疑為什麼沒人報警來把這些人抓走。畢竟我們不是他們，不理解他們罹患什麼疾病，但他們背後肯定都有一段故事——關於如何生病致障，而家屬又是如何在數十年間辛苦地照料，又或者他們如何孤零零地對抗整個社會的惡意與不理解。

我始終認為，當身心障礙者不危及他人、不損及他人任何權利，也就是沒有犯罪、自傷或傷人之虞，大家都應該尊重他們在社區生活、參與社區的權利。身為社工，如果遇見這樣的人，想到的第一件事情往往是他們有沒有社工服務？知不知道政府也關心他們？更重要的是，家屬照料他們辛不辛苦？

在我時常跑步的操場，都會見到一名老婦人拉著中年智能障礙者健走，而後老婦人不再出現，取而代之的是另一名中年婦女。我不禁猜想，原本帶著障礙者的應該是母親，或許她現在無法再帶兒子外出了。

我停下腳步問了他們。

「嗨，我是社工，我想請問你們知不知道政府有身心障礙服務？」起手式跟「你聽過安麗嗎？」有八成像。

中年婦女向我微笑。

「謝謝你。我們知道，就是社工建議我媽要常帶他出門。」

「原來如此，我以前常看到您母親。」

「她最近身體不好，換我帶弟弟來運動。」

「您真是好姊姊。」

「謝謝你。」

我向她揮了揮手，繼續慢跑，後來每次遇到，他們都會向我打招呼。

其實我們都可以這麼友善，常言道「台灣最美的風景是人」，但社會大眾卻很常因為不理解而選擇劃出距離。

我常聽見那些關心社區的所謂善意鄰居催促：「拜託社工你把他們全家送去機構安置，政府不是有地方收容他們這種人嗎？」

哪種人？

一個人活在社會上的價值與意義，並不是旁人可以定義的，我們沒有權利剝奪別人在社區生存的空間，更不需要把新聞媒體上的負面標籤強加在任何人身上。

「身心障礙」並不是洪水猛獸，也不是每一位身心障礙者都充滿暴戾之氣、有攻擊之心，他們不一定會因為你的歧視與壓迫回手，卻可能因為這些積累起來的負向評價而墜入黑暗深淵。

身心障礙者需要的是關心，用不著噓寒問暖，只要點個頭示意理解就行。跨出第一步，其實沒有我們想像的那麼困難。

❋　❋　❋

說了這麼多，那麼大眾應該如何關注社會工作呢？

如果你對阿冬的故事裡，協會不法利用個案中飽私囊的事仍有印象，或許會想，如果有意捐款給社福單位，要如何判定這個單位有沒有做事、有沒有把捐款轉給應該受惠的服務對象呢？

很可惜，除非是那個社福組織的內部人士，否則很難知道實情。

但我個人有一個很簡單的評斷建議，那就是去看看該協會或基金會有沒有公布經過會計師簽核的財務報表，如果組織的財報透明，基本上就能夠看出捐款收入與支出的流向、有沒有專款專用等。

另外還有一些協會更期待有意協力的民眾去當志工，往往只有等到你親身投入，才能夠知道他們是不是真的在做事。

或許你會覺得這些都太麻煩了，直接捐錢給大型社福組織不就得了。這當然也行，不過莫忘社福單位的M型化，事實上大型組織不缺捐款，也較有優勢承接政府的社會福利標案，他們能夠從政府手上拿到錢，並不缺民眾的錢。所以如果可以，我更傾向將捐款交給有責信的小型社福組織。

但這些畢竟都是個人選擇，端看你如何決定。

我想說的是，其實社工並不是社會工作的一切，我們只是社會福利的執行者之一，除了社工之外，社會福利團體的全體工作人員、制定政策的官員、提出建議的社會工作學者與政府單位的社會行政人員通通功不可沒。除此之外，社會上還有很多默默從事社會工作的無名英雄，比如集結眾人、組織各種協會的善心人士；在社區發展協會打電話關心獨居老人的志工大姊、大哥；在餐飲單位送給弱勢民眾餐食的送餐志工（老張將托兒所的愛心餐食分送獨居老人，其實也是在從事社會工作呢！）；在醫院或政府部門協助社工處理簡單雜務、讓社工更能夠專心服務個案的志工等。

除了志工外，如環台擦拭凸面鏡、守護交通安全的張秀雄大哥，或者從未接受任何單位補助、熱心提供「免費待用餐」給弱勢民眾的小吃攤及早餐店老闆，他們也都希望盡微薄的力量守護這個社會。

或許我們沒有時間也沒有心力去做這些事，卻能夠做到一件最簡單的事，那就是撕下對其他人的標籤，更友善地看待每一個人——無論他是不是身心障礙者。

拯救小林村的社工

以新手社工服務的個案來看，十名個案可能頂多一、兩名有機會走到成功結案，也就是完全解決問題，另外兩、三名個案雖然沒辦法徹底解決，卻有機會緩解問題。但可能有超過半數的個案會對社工感到失望，不再接電話，拒社工於千里之外——你們沒辦法解決我的問題，我理都不想理你。當然也有少數會咒罵社工，認為我們是領納稅人錢的薪水小偷。

雖然隨著社工逐漸累積專業，能夠大幅提升「成功結案」的比例，但不可避免還是會有一、兩位跟我們不對盤，使得工作毫無進展。

我所分享的故事看似有一定程度的進展，但所謂「進展」到底該如何定義？我也遇過同是精神障礙的父子住在深山，父親老是嚷著自己快要死了、沒多少日子可活，後來個案移交給其他社工，社工也回報同樣的事情。已經過了十年，老爹還是宣稱自己快死了，好在幾年前已經將兒子送去機構。即便老爹已大大減輕照顧負荷，生活逐漸好轉，畢竟仍然是一名將近八十歲的老人獨住在山上，雖然每天都有不同朋友上山探望，但社工難道就能夠「成功結案」？他如果在朋友離開後跌倒出事，民眾是不是會認為社會安全網破洞，或是要把責任歸咎在社工身上呢？

我有一位社工朋友在１１３全國保護專線上班。專線社工需要二十四小時輪班，並在輪班期間接聽無數電話，視情況派案讓第一線社工出勤，而且電話結束後幾分鐘內馬上要接聽下一通電話，下班前還得將所有電話做成紀錄，做不完，很抱歉，只能加班。

由於是二十四小時專線，接線社工又以女性為多，其實有不少無聊男性打電話去騷擾女性接線社工，這還不打緊，有更多的電話是來電者轉述他人的受暴情形，因為提供的資訊不明，無法決定是否要下派第一線，對方便氣得說社工沒用，質疑專業；或是受暴者悄聲打來，還沒提供太多資訊就被施暴者發現，對方氣得搶過電話怒罵：「社工又有什麼了不起，信不信我當場殺了他！」也有小孩因為調皮被爸媽體罰，打電話要社工叔叔、阿姨討公道，但電話卻被爸媽搶去，責罵社工只會教壞他們的小孩。各種緊急狀況和光怪陸離的事都會發生，而社工則頻頻被各種來電者挑釁、謾罵、騷擾與質疑。

她因為受不了這麼高壓的環境而哭著問我該怎麼辦，應不應該繼續工作下去？

「妳在113工作這麼多年，救過的受暴被害者有沒有超過四百六十二個人？」

她先是對我的問題感到訝異，但我要她仔細回想。

「應該有。」

「那妳就救了一整個小林村的人口呢。」我所說的小林村，正是二〇〇九年八八水災時遭到滅村的小林部落，當時導致全村人口喪生。

那是一場多麼嚴重的災害，但她光是在113工作，就至少讓四百六十二人脫離受暴險境。

「你這麼說……我覺得……自己好像有點厲害。」

「不，妳不只有點厲害，妳是超厲害！以後我要叫妳村長！」

※ ※ ※

儘管十名個案「目前」只有少數能成功結案，不過隨著職業生涯的延續，每名社工或許都累積了數十、數百個成功個案，資深的社工前輩甚至可能「改變」了成千上萬名服務對象，使個案走向新的人生。

我仍然相信每個人都有選擇的權利：選擇跟隨社工的步伐前進；選擇不與社工同行，而用自己過去習慣卻造成今日困境的方式生活；或者選擇「不選擇」，暫時擱置問題。說穿了，這些都是選擇，也都沒有對錯。

社工不應該批評原地踏步的服務對象，或許只是改變的契機尚未到來，也可能是社工會談技巧不夠高明，無法吸引他們使用服務。無論原因為何，如果社工把「社會價值」強加在他們身上，逼迫對方順著自己的意志改變現況，這樣又與喜歡貼標籤，藉此貶低、歧視弱勢族群的人有何異呢？

我所分享的，是社工進入身心障礙家庭，造成漣漪，甚或激起水花的故事。內容大多經過慣於撰寫虛構故事的我稍加修飾，畢竟社工倫理規範社工必須謹守「個案保密」，所以我不得不斟酌修正，但也絕無誇大其詞，我所做的只是去識別化，讓他們不會因為我的描述遭外人辨識。

希望透過我筆下的故事，讓更多人認識社工、認識身心障礙者，如此一來，我們就能擁有更多更多的社工村長，也就有機會拯救更多更多村民。

最後對社區以及政府的話

偉哉政府總是在社工相關節日時，替社工的薪資灌水；在個案發生問題時，則檢討是不是因為社工疏忽而導致災難發生。

再怎麼頻繁家訪、電話關懷的社工，充其量也只能做到一、兩個禮拜聯繫一次，事實上，服務契約規範每個月甚至每半年聯絡一次的訪視頻率比比皆是，與服務對象緊密連結的終究還是社區，因此這種時候不如反思社區的關懷網絡是否發生狀況？鄰里長是否認識這名個案？

當然，檢討問題在所難免，究責也只是過程，絕非推人出來處斬便完事，共同思考制度是否需要修正，進而避免憾事再度發生才是根本。

社工或許是政府社會控制的工具之一，但仍會依照各縣市政府所建構的服務網絡行事，雖然社會福利與過去相比已經大有進步，卻還是有城鄉差距——難道台北市民跟屏東縣民繳的稅率不同嗎？為什麼「市民」與「縣民」可以獲得的社會福利不一樣呢？

貧窮縣市的一名社工往往身兼身心障礙服務、獨居老人關懷以及高風險家庭個案管理，身上扛了數十、甚至上百名個案，領的薪水可能跟都會區的社工一樣，工作量卻更多倍！

這導致社工也往都市集中，不為什麼，就因為貧窮縣市的社工工作太苦了。於是形成負向循環，貧窮縣市即便開缺也沒人去，有人甚至包紅包也要去特定民間單位當社工。你沒聽錯，部分地方的私人單位社工職缺（如醫院）必須包紅包才能夠卡位進去。

社會福利仍需要綿密分工，各種領域的社工專精又不同，像我雖然在身心障礙領域已經是相對資深的社工，但對家暴的各種保護令卻一知半解；雖然略懂老人保護法規，但對於機構老人被家屬丟包，送醫後家屬卻又不願出面，也會急得像是熱鍋上的螞蟻。

社會安全網既然是網，就需要綿密的繩索與堅韌的節點。節點需要縣市各局處的支持、橫向合作與連結，落實權責劃分，各自做好分內的事，並定期聯繫共思個案福祉。

下面舉個簡單的例子，來看看一戶多重需求的家庭。

假設有一家七口，祖父是七十歲的失能長者，父親四十八歲，但因為車禍導致肢體障礙，還有精神疾患早年發病的四十五歲叔叔。

母親是新住民配偶，為了照顧失能的丈夫、小叔以及公公而不得不兼家庭代工。三個孩子當中，老大是十七歲的高三學生、老二是十四歲的國中生，老三則是因為母親生產時年紀稍長，早產導致智能障礙的八歲孩童。

如果在貧窮縣市，可能只有一名社工獨挑大梁服務整個家庭，在學校也僅有級任導師協助，長照方面，因為縣內的居服單位不多又頻頻有人力空缺，導致無論是照顧者母親或社工都心力交瘁。

但如果是福利完備的縣市呢？可能會有多達數名社工或專業人員介入：

一、祖父：轄內長照單位眾多，人力相對充裕，甚至可以供失能長輩白天去老人失能日照機構上學，傍晚再接回即可。

二、父親：除了同樣可以運用長照外，還有居家復健，無論是到宅物理治療復能或心理諮商復能皆可，而且會有一名社工以「身心障礙者」為主體服務父親與八歲孩童。

三、叔叔：由專門服務精神障礙者的心理衛生社工主責，關注他的用藥及疾病控制情形。

四、母親：新住民服務中心的社工會來關懷，還可以提供同鄉母語的志工關心，身心障礙社工也會關注她的照顧壓力。

五、十七歲與十四歲青少年：除了可能有學校社工介入在校狀況外，倘若不幸產生偏差行為，也會有青少年社工介入。更重要的是，針對如此高風險的家庭，還會有社會福利中心的社工關注幾名子女的受照顧情況。

六、八歲孩童：與父親相同的身心障礙社工會關注他在家裡的表現及教育情形，在校的表現則由學校特教老師或學校社工負責輔導。

這樣一比，城鄉差距是不是就很明顯了呢？

當然，我的舉例有點極端，事實上，貧窮縣市的社會福利也「緩慢」成長，如今已經有主流縣市的近半數資源，但顯然還是有一段差距。

因此各縣市政府應該擴大徵用社工，讓社工從龐大的服務量解脫，轉而朝向「質」的提升，並持續提高聘用薪資，鼓勵久任，不再把社工當成「消耗品」，否則還是無法招募足額社工。除此之外，更重要的是提供完整的教育訓練與日常支持制度，不然社工倘若遭遇挫折，沒有好督導在一旁協力，也會很快陣亡。

以往原屬於行政院的衛生署升格改組，並整併原內政部的社工司組成「衛生」「福利」一部，醫療與社會福利本應息息相關，如此改組是期待兩者能夠整體規劃並完美配搭。儘管有這番美意，但實際推行的各地方政府社政與衛政的橫向連結仍未完全整合，有待加強。與弱勢民眾最息息相關的往往是處在社區的鄰里，但鄰里又歸屬於地方民政單位主責，導致社政、衛政與民政各行其是，一名社工介入服務時，往往處於單打獨鬥的狀態，更承受了多方的壓力與「指揮」，如此擠壓更加速了耗竭的速度。

只可惜，民意代表往往更關心績效與預算，於是乎，督導或主管只有更多行政事務，不免忽略基層社工，無法及時處理社工的情緒負荷，導致社工流失，無論是流向都會區或轉行不再當社工，都無法讓專業與經驗延續，最後部分社工工作便淪為新鮮人受挫的爛缺。

前面也說過，匿名在「靠北社工」等臉書頁面抱怨職場、主管的人相對占少數，有更高比例的匿名者是單純詢問工作上難解的問題，也就是說，他們的職場沒有任何人能夠提供解答，所以才需要上網匿名求助網友。

問題出在哪裡？出在缺乏良好的經驗傳承以及督導制度，導致社工即便想要累積專業，也無法在職場獲得，最後只能上網搜尋。無怪乎社會福利雖然有所進步，但還是相當緩慢，不足以應付新時代所衍生出的各種新興社會問題。

當社工空缺太多，無法傳承並延續服務，最終的受害者當然就是那些需要服務的弱勢族群。

你可能會說，那又與我何關？可別忘了，我們每個人至少有百分之三十六的比率會在年老時成為身心障礙者，或許每三個人當中就有一個人未來會遇到類似問題。

所以真的與你沒有關係嗎？

政府高層以及與政府密切合作的社會工作教授或許也都明白這些問題，推行上肯定也有許多困難與挫折，例如社會工作本來就是沒有選票的預算，與其把社會福利做好，不如加發重陽敬老金或普發現金，或是多劃幾個重劃區蓋大樓，還更能獲得選票，加上社會福利往往與稅收脫不了關係，若是因此要加稅，政黨不是擺明不要選票了嗎？

另外，部分政策也會因為民眾反彈而失去美意，例如以往會有永久不需要重新鑑定的身心障礙類別，後來一度改成最長五年得重新鑑定，用意是希望每五年就讓身心障礙者就醫檢查，並重新審視是否需要社工介入關懷。

不少民眾因此被迫去醫院，又因為早年醫療不發達、判斷失準，造成重新鑑定後障礙等級降低、補助減少，引發抗議，更有極重度的障礙者因為就醫不便，每五年一次的重新鑑定往往勞師動眾。

最後，政府取消了五年重新鑑定的上限，永久不需要重新鑑定的政策重出江湖，卻是一則以喜、一則以憂。這樣的措施大大便民，使民眾不再需要為定期鑑定奔波，但政府也無法再透過定期重新鑑定、每幾年進行需求評估來掌握每一個人的狀況，及時提供資源。

如何在民眾反彈與政府的美意間取得平衡呢？何況台灣是民主國家，政黨也深怕被民眾用選票制裁，更甚者，敵對政黨會針對執政者擾民之處大加撻伐，導致部分政策一度前進，最後卻又退回原點。

除了身心障礙鑑定外，長照2．0雖然大大解決或舒緩眾多失能家庭的照顧問題，但其橫空出世以後也造成了不少亂象。初期負責核定服務與提供一線服務的單位多是同一家機構，上下交相賊，核定給自家下游廠商服務，拚命鼓勵服務對象使用服務，罔顧實際需求而把額度用盡。多口失能的家庭，竟然一個月花掉政府十來萬的服務費用，都是由全體納稅人買單，款項流向特定單位，政府直到一年後才發現並開始限縮，但那些單位老早就數著鈔票笑得合不攏嘴。

政府確實難為，有些好的政策被民眾反彈，更被不懷好意的營利單位上下其手，社工身為體制裡的一顆小小螺絲釘，也只能苦笑。

但至少社會福利持續進步，即便不完備也能見到後續修正、填補漏洞，因此我還是願意為政府拍拍手，繼續加油。

我也會在崗位上盡本分，好好陪著社工，不讓他們被擊潰、黯然離開社工界。

後記

二〇二三年三月下旬，這邊出版的編輯來了封電子郵件，告訴我她在BBS上看見我為自己出版的都市魔幻小說《我不是怪物》宣傳，除了該書本來就是在談論被歧視與貼標籤的種族與人類外（其實正是暗喻現代生活中各種弱勢族群），她注意到了我的社工背景，便希望我為所服務的身心障礙族群寫一本「非虛構作品」。

不過，除了我社工生涯所服務的身心障礙族群外，現在身為社工督導的我，最主要的「督導」與「服務對象」其實是社工。社工在勞動市場是特別弱勢的一群，既屬於又不隸屬政府單位，每當出事總是第一個被究責，民眾往往看見我們出包的時刻，卻鮮少知道我們做得好的地方——防範、預防了多少社會事件發生。社工總說自己是「弱勢」服務「弱勢」，服務的甚至可能是經濟條件比自己好上不少的個案。

坊間以社工服務的「服務對象」為主體的書籍其實從來不缺，包括長期照顧、青少年、更生人、街頭無家者、失智症等，也有描繪醫師、護理師、物理治療師等專業人員的內容，但以「社工」為主體的書卻很少。

因此我希望能夠將部分篇幅放在社工身上。

我的社工生涯多在身心障礙領域服務，因此盡可能在書中寫出了身心障礙者的故事，只可惜篇幅有限，能夠列舉的並不多。事實上，以身心障礙而言，涉及的生心理疾病少說也有上萬種，我只能挑選足夠有故事性，或者與想要討論的主題相關的內容，而不得不僅列出本書的故事。

至於社工耗竭的原因，其實還有更多，我也在多次編輯中不斷新增，想讓社會大眾知道種種社工陣亡的理由，藉此協助社工同胞倡權，但因為並非本書撰寫重點，所以只好忍痛僅條列幾項。

身為一名社工督導，撰寫這本書時也獲得了許多反思，思路脈絡從一個新手社工到相對資深的督導，我時時檢討、反省自己是不是一個好督導？是不是一個好的社會工作者？有沒有愧對服務對象？

我曾有過挫敗的經驗，當社工被服務對象威脅時，她第一時間擔心懼怕地告訴我，我雖然及時積極處理，也動用了母基金會的支援，但或許終究不夠完備，最後那位社工黯然離開職場，給了我很大的衝擊。

我總是盡可能地當一個自己理想中的督導，也用自己的方式當一名我認為服務對象會感到自在、輕鬆的社工，雖然不能說盡如人意，但職場上已經好幾年不再有社工主動提離職，這在社工職場是幾乎不可能發生的事。

身為社會工作者，同時承做政府標案，我們彷彿夾心餅乾，時刻擔憂手下的個案出事，淪為媒體究責的炮口，另一方面，我們也盡力達到契約服務要求，而更多時候，我會希望我們做到更多。如果只做六十分，那誰來做都可以，我們要做就做到八十分！

我也相信，雖然社工一生中會遇見無數個服務對象，但每個民眾一生中可能只會碰到一、兩位社工，我們很可能是他們的「唯一」，所以更要做一個有溫度的人，當一個有溫度的社工。

雖然世界上一定也有虛偽敷衍的社工，不過，我們畢竟影響不了所有人，我相信他們也是因為工作不受尊重，才選擇以那樣的態度工作。但願大多數社工都能夠認同自己的工作有價值，或者至少「不討厭」自己的工作。

本書記錄了曾經與我或我們部門社工生命交會的服務對象的故事，希望這些故事能夠帶給讀者更多啟發，去除對身心障礙者與社工的標籤，僅此而已。

這本書也要獻給小紅，還有無數個曾經或現在仍為身心障礙者付出的照顧者，你們的辛勞我們都看見了，如果可以，也請照顧好自己。

此外，還有在社區與不友善對抗的身心障礙者，我佩服你們能夠昂然挺立地奮戰至今，辛苦了，也希望你們能夠繼續活出光彩。

當然，我也沒有遺漏你。

每一位社工村長，無論你在哪一個領域服務。我想讓你知道：「你所做的一切都值得被看見。」

二〇二三年九月

參考資料

◎ Susan Forward, Donna Frazier (1997). *Emotional Blackmail: When the People in Your Life Use Fear, Obligation and Guilt to Manipulate You*. New York: Harper Paperbacks.

◎ Dr. Alan Walker (2002). *A strategy for active ageing*. World Health Organization.

◎ 行政院，《國民長期照護需要調查（第二階段）統計結果報告》，2013 年。

◎ 行政院衛生福利部統計處，《「國人平均壽命」與「健康餘命」》，2020 年。

◎ 行政院，《110 年身心障礙者生活狀況及需求調查報告》，2021 年。

◎〈生活越苦越孝順，翻轉孝行老殘窮〉，《康健雜誌》，2022 年 9 月號，第 75 頁。

我們都被貼滿了標籤

從連結資源到串起故事，社工與身心障礙者不為人知的生命經驗

作　　者── 王晨宇
責任編輯── 林蔚儒
美術設計── 江孟達
內文排版── 張靜怡

出　　版── 這邊出版／遠足文化事業股份有限公司
發　　行── 遠足文化事業股份有限公司（讀書共和國出版集團）
地　　址── 231 新北市新店區民權路 108-2 號 9 樓
電　　話── (02) 2218-1417
傳　　真── (02) 2218-8057
郵撥帳號── 19504465
客服專線── 0800-221-029
客服信箱── service@bookrep.com.tw
網　　址── https://www.bookrep.com.tw
法律顧問── 華洋法律事務所　蘇文生律師
印　　製── 呈靖彩藝有限公司
定　　價── 新台幣 420 元
I S B N── 978-626-97669-2-5（紙本）
978-626-97669-4-9（PDF）
978-626-97669-3-2（EPUB）

初版一刷　2023 年 10 月
初版二刷　2024 年 7 月
Printed in Taiwan

國家圖書館出版品預行編目資料

我們都被貼滿了標籤：從連結資源到串起故事，社工與身心障礙者不為人知的生命經驗／王晨宇作 . -- 初版 . -- 新北市：這邊出版，遠足文化事業股份有限公司 , 2023.10
320 面；14.8×21 公分 .
ISBN 978-626-97669-2-5（平裝）

1. CST：社會工作　2. CST：社工人員
3. CST：身心障礙　4. CST：通俗作品

547　　112015949